코칭
경영의 道

맥킨지 코칭 프로그램

2017

코칭경영의 道 - 맥킨지 코칭 프로그램(개정판)

2017년 2월 20일 초판 1쇄 발행
2019년 3월 27일 초판 2쇄 발행

저자 / 맥스 랜즈버그
역자 / 박종안
발행자 / 박흥주
영업부 / 장상진
관리부 / 이수경
발행처 / 도서출판 푸른솔
편집부 / 715-2493
영업부 / 704-2571
팩스 / 3273-4649
디자인 / 여백 커뮤니케이션
주소 / 서울시 마포구 삼개로 20 근신빌딩 별관 302호
등록번호 / 제 1-825

값 / 13,800원
ISBN 978-89-93596-70-0 (13320)

코칭
경영의 道

단순하지만 강력한 힘!

맥 킨 지 코 칭 프 로 그 램

The Tao of Coaching

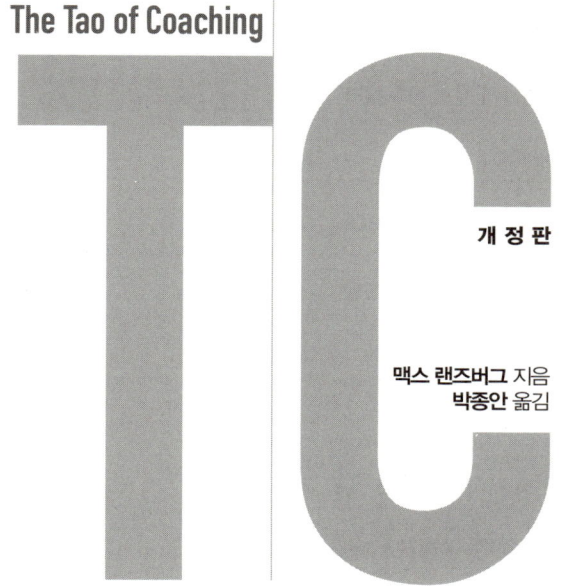

TC

개 정 판

맥스 랜즈버그 지음
박종안 옮김

푸른솔

차례

알렉스의 이야기

서문

내가 요청을 할 때마다 사람들이 발 벗고 나서는 이유는 뭘까?
헨리 포드(Henry Ford)

두 사람의 만남은 두 화학물질의 접촉과 같아
반응이 일어나면 둘 다 전환된다.
칼 구스타프 융(C. G. Jung)

나는 지난 30년간 팀과 개인에게 코칭을 해왔는데, 그러한 코칭 경험에서 터득한 최고의 조언과 스킬을 모두 이 책에 담았다. 이 책을 통해 내가 목표로 하는 것은 당신이(팀 리더든 혹은 코칭 전문가든) 다른 사람들의 코칭 스킬(skill)을 향상시키도록 돕는 것이다.

이 책은 분량이 많지 않다. 그 이유는 위대한 코치가 되기 위해서는 몇몇 스킬만 습득하면 되기 때문이다(물론 그러한 습득도 연습이 필요하긴 하다). 그래서 각각의 장은 구체적인 코칭 스킬에 초점을 두며, 각각의 스킬은 여러분의 연습을 돕기 위해 알렉스(Alex)라는 사람의 극적인 삶 속에서 벌어지는 일화를 통해 설명하였다.

개정판을 내는 이 시점에서 당신이 얻는 이점은 사실상 코칭을 받을 상대방에 대해 대충 알고 있다는 것이다. 이 책이 1996년 처음 출간되었을 때 나는 일부 시대를 앞서가는 경영자들이 관심을 보일 것이라고 생각했다.

그러나 다음과 같은 면에서 내 판단이 틀렸음을 알게 됐다. 첫째, 시대를 앞서가는 경영자들의 수는 내가 생각했던 수준보다 훨씬 더 많은 것 같다. 둘째, 많은 사람이 이와 같은 스킬들이 자신의 팀뿐만 아니라 고객과의 대화를 개선하는 데 도움이 된다는 점을 깨달았다. 셋째, 이 책은 비즈니스 세계에서만 유용한 것이 아닌 듯하다. 사실 나는 이러한 스킬들이 자신의 아이들에게도 코칭을 해주는 데 도움이 되었다고 얘기한 부모의 반응을 가장 소중히 여긴다.

그 결과 이 책과 동기부여 및 리더십에 관한 관련 서적들이 25만 부 이상 판매되었고 15개 언어로 번역되었다.

그러나 나는 이번 개정판을 위해 몇 가지 주요 변화를 꾀했다.

첫째, 2개 장을 새로 추가했다. 그간 효과적인 코칭의 많은 측면이 많이 변화하지 않았지만, 나는 다음의 2가지 주제는 보다 관심을 기울일 가치가 있다고 생각했다: 질문의 힘 활용하기와 목표 설정의 개선.
둘째, 알렉스의 삶을 검토해 시대에 맞지 않는 내용을 수정했다.
마지막으로, 나를 비롯해 일부 독자들을 당혹케 한 문장들을 수정하여 글의 질을 개선하려 했다.

왜 코칭을 하는가?

그렇다면 왜 온통 코칭에 관심을 가지는가? 그 이유는 코칭이 다른 사람들에게 도움이 될 뿐만 아니라 코치 자신에게도 유익하기 때문이다.

다른 사람들에게 코칭을 해주는 사람들은 예상치 못한 많은 보상을 얻는다. 당신은 '누군가의 개발과 성장을 도운' 자선가란 소문만 듣지는 않는다. 위대한 코치가 되면 다음과 같은 보상이 따른다.

- 자신을 위해 더 많은 시간을 만든다: 당신이 관리하는 사람들의 스킬이 향상되면 당신은 더 위임할 수 있는 입장이 될 것이다.

- 당신과 함께 일하기를 좋아하는 동료들과 같이 일하는 재미를 즐긴다.

- 팀으로 더 나은 결과를 보다 신속히 성취한다.

- 대인 관계 스킬을 보다 폭넓게 구축한다. 이는 흔히 고객 그리고 가족 및 친구와의 관계가 개선된다는 것을 의미한다.

다시 말해 위대한 코치가 되면 자신에게도 유익한 이유는 종종 자선적인 이유만큼이나 강력하다. 이러한 단순하지만 강력한 증거는 내게 큰 놀라움으로 다가왔으며, 내가 주도한 많은 워크숍에 참석한 다른 사람들도 마찬가지였다.

물론 당신이 '업의 법칙(業의 法則, Law of Karma)'에 조예가 깊다면 위와 같은 증거는 놀라운 일이 아닐 것이다. 다른 사람들의 개발과 성장을 도우면서 당신 자신의 효과성을 증진시키는 이러한 음양 원리가 이 책의 제목을 'The Tao of Coaching'이라고 지은 이유이다(그림 1 참조).

코칭의 도(道)

리더로서의
'당신'의 효과성을
증진시킨다

'다른 사람들'의
개발과 성장을
도움으로써

위대한 코치들의 대표적인 신념

- 따르는 사람이 없이는 리더가 될 수 없다.
- 권위형 리더는 종말을 맞이하고 있다.
- 코칭에 10분 투자하면 1시간 절약된다.
- 위대한 코치는 친구들을 얻고 사람들에게
  영향을 미치는 방법을 안다.

1990년대에는 권위형 리더가 종말을 맞이하고 있었다. 이러한
상황은 팀 및 경영의 리더나 가족의 리더나 마찬가지였다.

이제는 새로운 유형의 리더가 요청된다. 즉 경우에 따라 때로는
'통제'하고 때로는 '위임'하는 보다 폭넓은 경영 스타일을 가진
리더가 필요하다.

보다 현실적으로 보면, 이러한 새로운 유형의 리더는 가장 위대
한 리더라도 직원의 도움을 받지 않고는 일을 완수할 수 없다는
점을 알고 있다. 비즈니스 세계의 변화가 의미하는 바는 이제는
상사가 직원을 예측할 수 없고 매사를 모니터할 정도로 모든 것
을 다 알 수도 없다는 것이다. 또한 상사가 이곳저곳 일일이 나
서서 필요한 모든 수정 조치를 취할 수 있는 시대는 끝났다는
것이다. 그렇다고 반대편 끝에 있는 리더로 '전적으로' 권한을
위임하는 관리자의 효과성이 검증된 것도 아니다.

따라서 새로운 리더는 적절히 위임해야 하고 유능한 직원들의
추종을 필요로 하며, 부하 직원들의 업무 능력을 향상시키기에

적임인 사람이다.

또한 새로운 스타일의 리더는 (1) 부하 직원의 코칭에 10분만 투자하면 나중에 1시간을 절약하게 되고 (2) 보다 높은 성과를 내도록 다른 사람들을 도우면 자신에게도 도움이 된다고 믿는다.

코칭은 무엇이고 어떻게 숙달하는가?

탁월한 코칭의 비결은 무엇인지, 그리고 그러한 비결을 얻는데 이 책이 어떻게 도움이 될까? 나는 다음과 같은 정의를 통해 코칭의 본질을 요약해보려 한다.

- 코칭은 다른 사람들의 업무 수행과 학습 능력의 증진을 목표로 한다.

- 코칭에는 피드백 외에, 동기부여와 효과적인 질문 같은 기타 스킬들도 있다. 그리고 관리자이자 코치인 경우에는 피코치자의 의지와 기술이란 면에서 피코치자가 특정 업무를 수행할 준비 상태를 인식하는 것도 포함된다.

- 전반적으로 코치는 피코치자가 자기 스스로 하는 것을 목표로 한다. 그리고 코칭은 역동적인 상호작용이며, 지시 또는 지도란 일방적인 방법에 의존하지 않는다.

- 이 책의 차례 페이지와 용어 해설을 쭉 훑어보면 위대한 코치가 사용하는 스킬들을 자세히 알게 된다. 어느 장이든 관심이 가는 장을 골라 읽고 난 후에는 구체적인 스킬을 연습할 수 있어야 한다. 각각의 장은 코칭 스킬의 실례를 설명하고 끝에는 어떻게 해야 하는지를 요약한 페이지가 있다.

아니면 당신은 책을 처음부터 끝까지 읽으며 알렉스의 직장 생활에 관한 극적이고 '박진감 있는' 이야기를 따라갈 수도 있다. 알렉스는 좋기도 하고 나쁘기도 한 코칭을 받으면서 또 자신이 직접 다른 사람들에게 코칭을 해주면서 직장 생활에서 우여곡절을 겪는다.

그러나 내가 제안하는 바는 당신이 책을 읽기 전에 먼저 부록 1의 간단한 자기 평가서를 작성하고 가능하다고 생각하면 다른 사람들에게 한 부 작성해달라고 부탁하는 것이다.

✦ ✦ ✦

시대가 점점 더 급속히 변화하면서, "우리 모두는 15분 동안 유명해질 것이다"고 한 앤디 워홀의 예언을 실현하기가 더욱 더 쉬워졌다. 그러나 우리가 15년 동안 기억되기는 더욱 더 어려워졌다.

나는 당신이 뛰어난 코치였고 많은 사람에게 그리고 대대로 많은 사람에게도 영감을 불러일으킨 사람으로 기억되길 바란다.

- 맥스 랜즈버그

제1장 일터에서 코칭

알렉스는 자신의 코칭 스킬이 이사 선임을 보장해줄지 검토해본다

알렉스는 이번이 마지막 기회인지 궁금했다. 그는 부장이라는 직위에 오르기는 했지만, 예상했던 것보다도 1년이 더 소요됐다. 이제는 과연 이사로 선임될 것인지 아닌지 의문이다. 이번에 선임되지 못하면 그걸로 끝이다. 하지만 절대로 쉬운 일은 아닐 것이다. '어쨌든 나는 최선을 다했으니 지금은 휴가를 즐기는 것이 좋겠지.' 그는 이렇게 생각했다.

알렉스는 풀 가장자리에 놓인 의자에 편히 앉아 끝없이 펼쳐진 에게 해(海)를 지그시 바라보았다. 아래 해변에서 들려오는 장난기 섞인 비명 소리는 아련하기만 했다. 그는 느긋하려 했으나, 근무지인 런던에서 이사회의 결정이 내려진 후 2주 뒤로 휴가를 잡았으면 좋았을 걸 하고 후회했다.

그러나 그는 이 섬에서 전화를 받을 수 있는 한 빌라를 빌린 것은 그나마 다행이라고 생각했다. 이사회가 끝난 다음 그를 찾는 전화가 걸려올까? 그는 초조하게 어깨 너머로 전화기를 살펴보았다. 누군가 실수로 수화기를 제대로 올려놓지 않은 걸까? 혹은 플러그를 빼놓은 것은 아닐까? 아니면 전화가 먹통이 되어버린 것은 아닐까?

마치 텔레파시가 통한 것처럼 전화벨이 울렸다. 알렉스에게 걸려온 전화일까? 그랬다. 사무실에서 그의 비서 줄리아가 걸어온 전화였다. 그가 이사로 선임되었다는 소식일까? "저, 이사회 결정을 내일로 미루었대요. 알려드려야만 할 것 같아 전화했어요." 그녀는 미안해하며 말했다.

"괜찮아, 줄리아." 그는 애가 타면서도 이렇게 말했다. "결정되었을 때 바로 연락해주면 고맙겠군."

✦ ✦ ✦

그는 지난주 델피(Delphi: 아폴로 신전이 있던 그리스의 고대

도시)에 들렀을 때를 생각해보았다. 신전 문 위에는 예언자를 찾아온 고대인들을 맞아주던 글이 새겨져 있었다. 그건 '너 자신을 알라'였다.

'그래,' 그는 마음을 굳혔다. '30분 동안 성찰해보고 내가 이사가 될 자격을 갖추었는지 판단하자. 그런 다음 홀가분하게 휴가를 즐기는 거야.'

✦ ✦ ✦

문제는 어떻게 보면 간단했다. 알렉스가 주요 조직개편을 주도 했고, 과감한 기업 인수를 수행했으며, 적자를 내던 자회사를 흑자로 반전시킨 것은 긍정적인 측면이다. 유일하게 부정적인 요인은(그렇지만 그건 주요 요인이었다) 그가 때로 사람들을 이용하는 경향이 있으며, 그들 중 일부는 극도의 피로감을 느낀 다는 것이다. 그 결과 그는 '식인종'이라고 불렸으며, 한때 회사 사람들이 그의 휘하에서 혹은 그와 함께 일하기를 꺼려하는 지 경에까지 이르렀다.

5년 전이라면 이사회는 이러한 성격 결함을 무시해버렸을 것이다. 그러나 이제는 사람들의 능력을 향상시키고 그들의 개발을 도우며 그들에게 코칭을 하는 데 필요한 관리 스킬 및 습관이 한층 더 중요해졌다. 이 분야에서 드러난 결함을 이사회가 간과할 리 없었다.

심지어 알렉스는 몇 가지 중요한 이유로 인해 이제 대부분의 대기업들이 인력개발을 새삼 강조한다는 점을 잘 알고 있었다. 첫째, 조직에서 계층 단계를 축소하는 경향이다. 이제 모든 직원은 대부분의 시간을 기능이 교차하는 다기능 팀들에서 일한다. 사전에 정해진 일과 역할만 하면 되는 시대는 지났다. 따라서 '상사'가 '부하'에게 정확하게 무엇을 해야 할지 계속 지시할 수는 없게 됐다. 오히려 성공적인 기업들에서는 이제 직원들이 서로에게서 새로운 스킬과 습관을 배우고 관리자들은 코치의 역할도 한다.

둘째, 노동 시장이 변화했다. 대부분의 유능한 사람들은 이제 회사에는 코칭 문화가 존재하고 그러한 곳에서 일하는 것이 훨씬 더 즐겁고 보람 있다는 점을 알게 됐다. 게다가 사람들의 이

직률이 높아져 앞서가는 기업들은 직원의 잠재력을 끌어내고 최고의 직원을 잡아두는 데 보다 집중한다.

셋째, 과거 어느 때보다도 사업 여건, 시장과 기술이 한층 더 급격히 변화하고 있다. 이는 기업들이 더 이상 직원에게 매년 1주 내지 2주 '사외 훈련'을 제공하는 데에만 의존할 수 없다는 것을 의미한다. 이제 훈련은 코칭이라는 형태로 '현장'에서 지속적으로 행해져야 한다.

'음,' 알렉스는 곰곰이 생각해보았다. '나는 이러한 코칭 활동에도 충분한 능력을 발휘하고 있는가?' 그는 직관적으로 이제 자신은 정말 좋은 코치라고 생각했다. 몇 년 전 이 회사에 입사했을 때 그는 '타고난' 코치는 아니었다. 그러나 그동안 일을 해오며 몇 가지 좋은 코칭 습관을 갖게 되었다. 이들 습관은 관리자로 훨씬 더 효과적으로 업무를 수행하는 데 도움이 되었으므로 그는 역할 모델이 되는 코치들의 조언에 항상 귀를 기울였다. 또한 코칭에 관한 유명한 책을 읽고 실천에 옮기기도 했다. 하지만 대략 1년 전 업무상 압박으로 인해 예전의 나쁜 습관으로 돌아간 것이 유일한 문제였다. 그 결과 그는 이사로 선출되지 못했다.

그러나 그는 자신의 태도를 바로잡기로 결심했었고 이제 사람들은 다시 그와 함께 일하기를 원하게 되었다. 심지어 업무 외의 대인 관계도 개선되었음을 알게 됐다.

✦ ✦ ✦

종합해볼 때 이제 그는 이사 선임에 기대를 가지게도 됐다... 그러나 이를 확신하기 위해 그는 회사에서의 코칭 활동 중 '진실의 순간(moments of truth)'을 검토해보기로 결심했다. 그러면 그는 좀 더 근거 있는 판단에 도달할 수 있을 것이다. 또한 이사로 승진할 경우에 전사적 코칭 프로그램을 도입하려는 그에게 무게를 실어주는 바탕이 될 것이다.

늦은 감이 있지만 알렉스는 자신이 코칭에 대해 얼마나 배웠는지를 검토해보기 시작했다. 부장으로서의 코칭 활동만이 아니라 회사 생활 초기에 다른 사람들에 의한 코칭에서 배운 것들도 검토해보았다.

그는 핸드폰을 집어 들고 녹음기 버튼을 눌러 입사 이래 자신의 직장 생활에서 얻은 여러 가지 교훈을 회상해가며 이야기를 시작했다.

이제부터 알렉스의 얘기가 펼쳐진다.

"베토벤, 귀가 먹었소? 그놈의 악보 좀 내던지고
적절한 직업을 찾아보라고!
도대체 몇 번이나 말해줘야만 되겠소?"

다른 사람들의 기술 향상을 도울 때에는
그저 지시만 하지 말고 질문을 하라.

제2장 질문 대 지시

알렉스는 '질문에 의한 코칭'이 흔히 '지시에 의한 코칭'보다
효과적이라는 것을 배운다

알렉스는 머리를 쥐어뜯었다. 전략기획 부서에 입사한 지 얼마
안 된 그는 첫 번째 프로젝트를 반쯤 수행하고 있었다. 그는 시
장 동향에 관한 정보를 수집하고 복잡한 수치를 분석하는 데에
는 익숙했으나, 회사의 기준에 맞춰 간결한 보고서를 작성하는
일은 어색했다. '아이스크림 시장에서의 기업 인수 - 냉정한 논
리인가, 부드러운 선택인가?' 그는 보고서의 제목은 창의적으로
뽑았다고 생각했다. 그러나 보고서의 본론 부분을 구성하는 것
이 정말 문제였다.

딱하게도 알렉스가 이 문제로 씨름하고 있을 때 마침 그의 상사
인 봅이 불시에 들렀다. 봅은 대수롭지 않은 표정이었다. "중요
한 내용부터 시작하는 것이 좋겠네." 봅이 설명했다. "그 다음
그 근거가 무엇인지 보여주도록 구성하게. 사람들은 대부분 세

가지 근거 정도는 쉽게 이해할 수 있으니, 세 가지로 구성하는 것이 이상적이지. 근거를 설명할 때에는 유사한 근거들끼리 모아서 분류하거나, 또는 제안-시사점-해결방법과 같이 주장의 논리적인 흐름을 따르게. 나는 지금 회의에 참석해야 하는데, 나중에 초안 작성이 끝나면 함께 검토해보도록 하세." 알렉스는 속사포처럼 쏟아지는 지시사항이 그리 이해가 가지 않아 당황해했다. 그리고 퇴근시간이 가까워졌을 때까지도 이렇다 할 진전을 이루지 못했다.

알렉스는 사라가 도움이 될 수 있을지 생각해보았다. 마케팅 부장인 그녀는 알렉스를 특채하는 데 관여한 인물로, 알렉스는 그녀가 채용 결정에 영향력을 행사하였을 것으로 추측했다. 그녀와 알렉스는 같은 경영대학원 출신이고, 둘 모두 다이렉트 마케팅에 관심이 있으며, 둘 다 테니스를 아주 좋아하는 등 공통점이 많았다.

사라는 보고서의 작성에 애를 먹는 알렉스에게 호의적이었다. "이 아이스크림 시장에 대해 거리낌 없이 말하라면 당신은 어떻게 표현할 건가요?" 그녀가 물었다.

"글쎄요, 나는 아직 우리가 실제로 아이스크림 시장에 뛰어들어야만 할지 확신하지 못합니다. 그렇지만 그 시장은 매력적인 것으로 보이기는 합니다." 그가 대답했다.

"왜 매력적이라고 생각하나요?"

"음, 수요가 증가하고 있고, 이윤폭도 지속 가능한 것으로 보이며, 경쟁도 그리 심하지 않은 듯합니다. 그리고 가격이 지난 5년에 걸쳐 매년 인상되었습니다."

"알겠어요." 그녀가 대답했다. "그러면 그 네 가지 근거가 정말로 같은 동전의 양면인가요?"

"제 생각에 가격 책정이란 근거는 실제로 이윤폭에 대한 진술의 일부 같습니다. 잠깐만요." 그는 흥분해서 계속 얘기했다. "비용에 관해서도 뭔가 얘기할 수 있겠어요. 그래서 이 시장이 매력적인 이유를 다음과 같이 세 가지로 정리할 수 있겠습니다: (1) 수요가 증가하고 있다; (2) 가격과 비용 면 모두에서 이윤폭의 지속이 가능하다; (3) 경쟁은 계속 심하지 않을 것으로 보인다."

"그밖에는요?" 사라가 물었다.

알렉스는 골똘히 생각했다. 그는 이제 보고서에 대해 보다 명확한 구상을 하게 되었으므로 빠진 점을 더 쉽게 찾을 수 있었다. "소매점들이군." 그는 이렇게 중얼거렸다. "그들의 구매력에 대해 뭔가를 추가해야겠어…"

"고마워요, 사라. 이런 식으로 구성할 수 있을 것 같습니다. 그런데 이건 유사한 내용들끼리 모은 분류입니까 혹은 주장의 논리적인 흐름입니까? 제게는 전자처럼 보입니다만…"

✦ ✦ ✦

알렉스는 사라의 접근법에 감명을 받았다. 봅의 2분과 별반 차이 없는 4분 동안에 그녀는 그의 보고서 구성에 진정한 도움을 주었다. 아이스크림 시장에 대해서는 아무것도 모르는 그녀가 말이다! 그녀는 단지 적절한 질문을 했을 뿐이다. 또한 그는 이제 다음 보고서의 초안 작성에도 자신감이 커졌다. 그리고 앞으로 기회가 있을 때마다 그녀와 함께 일하면 아마도 많은 것을 배울 수 있으리라고 생각했다.

✦ ✦ ✦

사라 역시 그 짧았던 상호 교류가 유익하였다고 생각했다. 그녀는 알렉스에게 잠재된 재능이 많다고 생각했고, 그가 재빨리 배운다는 점을 알았으며, 향후 프로젝트에서 함께 일하기 위해 영입할 수도 있는 사람으로 그를 염두에 두었다.

코칭 스펙트럼

소크라테스는 자신을 '지식의 산파'라고 했다. 그는 산파가 출산을 돕지만 직접 아이를 낳지는 않듯이, 사람은 다른 사람이 이해하도록 도울 수는 있지만 이해시켜 줄 수는 없다고 믿었다.

마찬가지로 코치는 일방적으로 가르치려 드는 선생이 아니라 '스킬의 향상을 돕는 산파'이다. 코치의 가장 중요한 결정은 지시를 할 것인지 또는 질문을 할 것인지, 아니면 이들 양 극단의 사이 어딘가에서 상호작용 방식을 택할 것인지이다. 이러한 결정은 피코치자를 돕는 주제를 선정할 때, 피드백을 제공할 때, 또는 피코치자가 다음 행동을 결정하도록 도울 때 등 광범위한 코칭 상황에서 직면하게 된다.

직장에서 많은 상사는 다른 사람들에게 할 일과 때로 그 방법을 (직접 또는 간접적으로) 지시하는 데 의존한다. 그러나 코치는 접근법의 폭을 넓히는 것이 중요하다. 결정적인 질문이 종종 지시보다 더 강력하다. 소크라테스는 그 점을 알고 있었다.

당신이 이 책을 읽은 다음 달라져야 할 행동이 있다면, 앞서 알렉스의 이야기에서처럼 지시를 하거나 나아가 충고를 했을 수도 있는 상황에서 대신 간단히 몇 가지 적절한 질문을 던지는 것이다.

질문/지시 레퍼토리

◀ 더 권한을 위임한다　　　　　더 통제한다 **▶**

질문하고 바꾸어 말한다	제안한다	시범을 보인다	조언한다	일과 방법을 지시한다
피코치자가 적당한 기술과 최소한 한 가지의 창의적인 아이디어를 가지고 있을 경우에 더 높다.		**업무 완수의 질**		피코치자의 역할이 재설계의 여지가 거의 없는 비교적 단순한 업무를 반복하는 것이 아닌 한 더 낮다.
더 깊은 이해		**피코치자의 학습**		더 깊은 이해, 단 코치가 진정한 전문가인 경우에
대부분의 경우에 더 높다.		**피코치자의 동기부여**		피코치자가 어찌할 바를 모르지 않는 한 더 낮다.
피코치자의 학습 속도에 따라 약간 더 걸린다.		**피코치자의 초기 소요 시간**		업무를 쉽게 규정할 수 있고 피코치자가 지시를 이해하고 따른다고 가정하면, 약간 덜 걸린다.
잠재적으로 많다.		**코칭에 의한 학습**		매우 적다.
피코치자가 어떤 형태로든 반복해야 할 업무를 수행할 때		**사용 시점**		실패하면 재앙으로 이어질 '매우 중요한' 업무 또는 아주 단순한 업무를 수행할 때

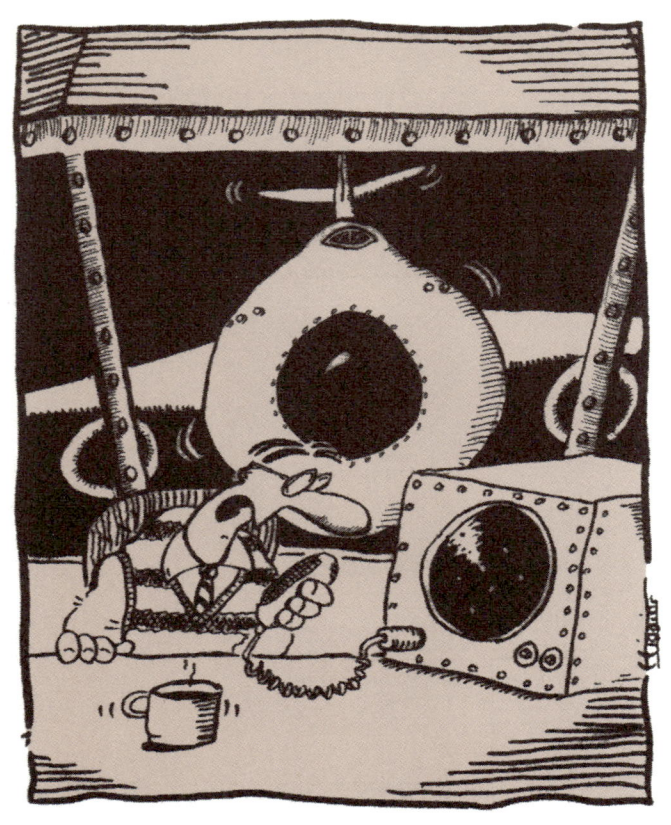

"아, 그래? 그런데 어쩌지. 여기선 내가 우두머리고 왕초이자
두목이야, 친구. 내 말은 당신이
고도 3만 피트라고!"

피드백을 받는다는 것은
경청한다는 것을 의미한다.

제3장 피드백 끌어내기

알렉스는 동료로부터 피드백을 끌어내는 방법을 배운다

회사에 근무한 지 6개월째로 접어들었을 때 알렉스는 자신의 진전에 만족해했다. 그는 회사가 어떻게 운영되는지를 이해한다고 생각했으며, 이미 상당한 실적을 쌓기도 했다. 아직 다른 누군가를 관리하지는 않았지만, '효과적인 질문' 스킬을 실행해 좋은 효과를 보기도 했다. 잘 준비된 질문을 통해(그는 이미 그 대답을 알고 있었다) 회의의 진행을 건설적으로 바꾸어놓은 것도 몇 차례나 됐다.

그러나 한 가지는 아직도 의문으로 남아 있었다. '내가 여기서 얼마나 잘하고 있는지 도대체 어떻게 알까? 누구도 직접 얘기해주는 사람이 없잖아.'

아이스크림 프로젝트는 보류된 상태이고(알렉스는 이를 분명 위험스런 조치라고 생각했다) 이제 그는 상사인 봅과 함께 회사의 생산 공정을 능률화하는 프로젝트를 수행하고 있다. 그는 그 프로젝트에 대한 기대감이 컸는데, 자신이 그 프로젝트에 공헌할 수 있는 관련 기술을 특별히 보유하고 있다고 생각했기 때문이다. 요컨대 그는 대학에서 공학을 전공했고 경영대학원에 진학하기 전에 2년 동안 생산 과장으로 일한 경험도 있다.

프로젝트의 시작은 순조로웠다. 알렉스는 봅과 좋은 업무 관계를 형성했고 자신의 노력이 진정한 가치를 가진다고 생각했다. 사업부별 이사들 앞에서 전체 프레젠테이션을 하는 기회도 처음으로 잡았다.

그러나 그는 자신이 많은 코칭 또는 피드백을 받고 있지 못하다는 사실을 깨달았다. 그는 지난번 프레젠테이션 직후를 포함해 몇 차례 조심스레 봅에게 이 문제에 관해 얘기했었다. 하지만 봅은 알렉스가 매우 잘하고 있는 것 같고 사실 자신의 예상을 넘어서고 있다고만 얘기할 뿐이었다.

알렉스는 다시 사라에게 조언을 구하기로 하였으며, 며칠 후 점심시간에 구내식당에서 그녀의 옆자리에 앉을 기회를 잡았다.

"사라, 나는 밥이 내 업무 수행에 관해 적절한 얘기를 해주도록 하기가 힘듭니다. 당신이라면 유용하고도 건설적인 피드백을 끌어내기 위해 어떻게 하겠습니까?"

그녀의 대답은 천진난만할 정도로 단순했다. "물어야 해요. 그리고 들어야 해요."

✦ ✦ ✦

며칠 후 알렉스는 이를 시도해보았다. "밥, 30분 정도 시간을 내줄 수 있겠습니까? 당신에게서 지난 2개월 동안 제 업무 수행에 관한 피드백을 받고 싶습니다."

"그러지, 알렉스. 하지만 내게 어떤 피드백을 원하나? 나는 자네가 피드백을 요청한다는 사실 자체가 다소 놀랍네. 자네가 피드백을 원한다고는 한 번도 생각해본 적이 없거든."

"왜 그렇게 생각하셨습니까?" 알렉스가 놀라워하며 물었다.

"음, 우리가 그 프로젝트를 시작했을 때 자네는 솔선해서 자네가 기술을 향상시키고자 하는 분야에 관해 나의 의견을 충분히 들어보려고 하지 않았네. 또한 지난번에 내가 피드백을 주려했을 때 자네는 매우 방어적인 태도를 보였지."

알렉스는 반박하고 싶지 않았으나, 자신의 업무 수행에 대해 논의하려고 시도한 적이 그 후 두 번 있었다고 얘기했다.

"오, 기억나는구먼." 봅이 말했다. "그러나 두 번 모두 다른 사람들 앞에서였네. 때문에 나는 그저 자네가 사람들로부터 갈채를 받고자 한다는 인상을 받았지. 그렇기는 해도 후에 시간을 내지 못해 미안하네. 그건 그렇고 구체적으로 어떤 분야에서 내 피드백을 원하는가?"

알렉스는 확신하지 못했다. 그는 경험이 풍부한 봅은 집중해야 할 부분을 정확히 알고 있으리라 생각했었다. 어떻든 그들은 다음날 만나기로 약속했고, 그때까지 알렉스는 가장 중요하게 도움을 받아야 할 분야에 대해 생각해보기로 했다.

그들은 프레젠테이션의 전달에 있어 알렉스의 강점과 약점에 대해 30분간 집중적으로 논의해 문제를 해결했다. 봅은 프레젠테이션 초기에 문맥을 보다 명확히 해야 하고 한 사람만이 아니라 참석자 전원과 돌아가며 시선을 마주쳐야 한다고 알렉스에게 지적해주었다.

봅의 사무실을 나왔을 때 알렉스는 정말이지 '평가'라기보다는 '코칭'을 받았다고 느꼈다. 봅은 성격 '특성'을 얘기하는 대신 알렉스가 한 행동의 구체적인 사례에 대해 논의했다. 알렉스 역시 명확한 행동 계획을 세웠다.

'피드백을 받는 것은 "질문하고 듣는다"만큼 쉬운 거야.' 알렉스는 이렇게 생각했다. '다만 올바른 주제를 다루기 위해서는 당신과 당신의 코치 모두 당신에 대해 잘 알고 있어야 한다. 그리고 당신은 방어적인 태도를 버리고 열린 마음으로 신중하게 들어야 한다.'

알렉스는 향후에 참조하기 위해 다음 세 페이지에 소개한 내용과 같이 요점을 정리해두었는데, 이러한 요점이 당시만큼이나 나중에도(그가 부장이 되었을 때) 유용하다는 것을 알았다. 또한 그는 학교에 다닐 때 외웠던 시 한 구절을 떠올렸다.

> 모두가 미심쩍어 해도 그대가 스스로를 믿는다면,
> 그들의 의심마저 포용하라…
>
> 러디어드 키플링(Rudyard Kipling)

피드백 받기

당신이 유용한 피드백을 마지막으로 받은 때는 언제인가? 아마도 아주 오래 전일 것이다. 충분한 피드백을 받는다고 생각하는 사람은 거의 없다. 피드백은 대개 회사 전반적인 문화에 관한 설문조사에서 가장 낮게 평가되는 항목이다. 이러한 피드백의 결핍은 노인이나 젊은이나, 노련한 사람이나 신출내기나, 유능한 사람이나 그렇지 못한 사람이나 모두 마찬가지이다.

이 책은 위대한 코치가 되는 방법에 주안점을 두지만, 좋은 피코치자가 되는 스킬을 언급할 가치도 있다. 이는 직장에서만이 아니라 일상생활에서도 유용한 스킬이다. 관리자와 직원이 피드백을 받지 못하면(이유를 불문하고) 중요한 자가 교정(self correcting) 메커니즘을 통해 개인 생산성을 증진시킬 기회를 상실한다.

그러나 당신은 은근슬쩍 피코치자가 될 수는 없으며, 피드백을 원한다는 점을 명확히 밝혀야 한다. 그리고 피드백의 요청은 누군가에게 부탁하는 것이기에 (코치의 입장에서는 어느 정도 용기가 요구된다), 당신은 그 사람의 입장에서 이러한 과정이 가능한 한 쉽게 진행되게 해야 한다. 다음 페이지에 몇 가지 제안이 있다.

피드백 받기 - '제공자'의 편리 봐주기

1. 주제에 적합한 코치, 당신이 진정으로 신뢰하는 코치를 선택한다. 예를 들어 당신이 어느 부분의 피드백을 필요로 하느냐에 따라 동료, 부하, 상사, 친구 중에서 서로 다른 사람을 선택할 수 있다.

   - 관리 스타일(당신이 관리하는 사람들 중에서 선택한다)
   - 프레젠테이션 스킬(참석자들 중에서 선택한다)

2. 당신의 코치에게 관련 사례를 준비할 수 있도록 가능한 한 미리 예고한다.

   - 주요 업무를 시작할 때 피드백 주제, 토론 빈도 등 당신이 원하는 것을 설명한다.
   - '갑자기 나타나지' 말고 코치와의 만남을 미리 약속한다.

3. 당신이 주도해 신뢰 관계를 구축한다.

   - 당신이 개선시킬 수 있는 분야들에 관해 자진해서 자신의 견해를 밝힌다 (그저 당신이 비범할 정도로 뛰어난 분야들을 강조하려 하지 말라).
   - 당신에게 동기를 부여하거나 동기를 저하시키는 요인을 설명하고 관련 있는 기타 요인들도 밝힌다.

4. 피드백을 진지하게 받아들인다.

- 방어적인 태도를 피한다(절대로 다시는 피드백을 원하지 않는 한 말이다!).
- 코치의 얘기를 따른다(당신의 진짜 관심을 보여주고, 당신이 배운 바를 요약하며, 구체적인 사례 및 설명을 요청한다).

5. 감사를 표시한다.

- 진정한 진전을 이루고 최소한 몇 가지 조언은 따른다.
- 코치에게 진전이 있었음을 알려주고 감사한다.

연습

이번 주에 당신에게 중요한 피드백을 줄 수 있는 사람 2명을 찾아 그들에게 피드백을 요청한다.

"잘 알아둬. 난 여기는 문질러주고, 여기는 어루만져주고,
여기는 마사지해주는 것이 좋아. 하지만 이곳은 절대로
만지작거리면 안 돼..."

코칭은 코치 자신에게도 유익하다.

제4장 코칭에 관한 신화 바로잡기

알렉스는 코칭에 대한 신화를 검토하며, 위대한 코치가 되면 자신에게도
유익한 이유들을 이해하게 된다

알렉스가 구내식당에서 사라로부터 코칭을 받은 지 3주가 지났
고, 이제 그는 그녀의 사무실에 들러보기로 결심했다. "알렉스,
한동안 못 만났었는데 어떻게 지냈어요?"

"잘 지냈습니다." 그가 대답했다. "피드백을 끌어내는 것에 관한
조언에 감사드립니다. 봅과 매우 유익한 시간을 가졌습니다."

"잘 됐군요." 사라가 얘기했다. "들러줘서 반가워요. 부탁 하나
들어줄 수 있을지 궁금했거든요. 알고 있는지 모르겠지만 회사
인사위원회가 코칭에 지대한 관심을 가지고 있어요. 프로젝트
의 일환으로 나는 사보에 이 주제에 관한 글을 실어야 한다고
생각했어요. 아마도 코칭을 하는 방법에 관한 몇 가지 핵심적인
조언과 아울러 코칭을 하는 이유를 담은 글을요. 몇 페이지 초

안을 작성했는데, 당신이 검토해보고 의견을 얘기해주면 하고 바랐어요."

"기꺼이 그러겠습니다." 그는 이렇게 대답했지만 약간 혼란스러운 기색이었다. "그런데 그건 꽤 간단한 얘기 아닙니까? 그러니까 사람들이 다른 사람들의 업무 개선을 돕기 위해 피드백과 코칭을 제공하는 것이 아니냐는 말입니다."

처음으로 사라는 약간 어이없어하는 표정으로 알렉스를 바라보았다. "오, 알렉스. 거기에는 그 이상의 의미가 있어요! 예를 들어 예기치 못한 면이 있죠. 위대한 코치가 되면 자신에게도 유익한 이유들처럼 코칭은 그저 피드백을 주는 것 이상이란 사실 등등 말이에요. 어쨌든 내 초안을 읽어주면 아주 고맙겠어요."

"코칭의 신화라! 제목은 그럴듯해 보이는데." 그는 이렇게 중얼거리며 그 초안을 들고 사라의 사무실을 나왔다.

코칭의 신화

위대한 코치가 되는 데 요구되는 요인들과 관련해 5가지 주요 신화가 있다. 이러한 신화를 바로잡아보자.　　　　　　　　　　사라 제닝

똑바로 보자. 코칭은 그저 '좋은 사람'이 되는 것이 아니다. 코칭은 당신이 업무 문제의 해결에서와 마찬가지로 동료들과의 상호작용에 체계와 창의성을 동원하는 것이다.

그러나 위대한 코치가 되는 데 요구되는 요인들을 논의하기 전에 코칭에 관해 잘못 알려진 몇 가지 신화와 현실을 살펴보자.

신화: 코칭은 주로 다른 사람들을 돕기 위해서 한다.
현실: 위대한 코치가 되려는 데에는 가시적이고 자신에게도 유익하며 납득할 만한 이유들이 많다. 사실 위대한 코치들은 개인적인 보상이 크기에 좀처럼 코칭 습관을 버리지 못한다. 다음은 코치 자신에게 유익한 정도가 큰 순서로 나열한 코칭에 따른 보상들이다.

- 여유 시간 확보. 당신은 더 일찍 퇴근하거나 더 질 높은 일에 시간을 투자할 수 있다. 이 점을 증명하는 것은 거의 불가능하지만, 위대한 코치들은 대부분 팀원 코칭에 하루 10분만 투자하면 보통 최소한 20분 이상의 여유 시간이 생긴다고 믿는다.

- 고객 관계 스킬의 개선. 동료에게 코칭을 함으로써 당신은 고객 및 의뢰인 과 효과적인 관계를 구축하는 데 필요한 대인 관계 스킬을 연마할 수 있다.

- 조직 강화. 당신이 장기적으로 근무할 회사라면 분명 동료의 발전에 투자 할 만한 가치가 있다.

- 흥미 증진. 코칭 지향적 팀에서 일하는 사람들은 흥미가 증진되는 경향이 있다.

- 추종 강화. 당신이 다른 사람들을 도우면 그들은 당신을 돕는 경향이 있 다. 그리고 당신이 리더가 되기를 갈망한다면 리더에게는 따르는 사람이 있어야 한다는 점을 기억해두기 바란다.

신화: 피코치자에게 집중한다.
현실: 너 자신을 알라. 코치는 전적으로 피코치자에게만 집중하지는 않는다. 사 실 위대한 코치들은 자기 인식의 정도가 높다. 우리는 모두 기본적인 코칭 스킬 을 지니고 있으나, 불행히도 대부분의 사람들이 그러한 스킬을 제대로 그리고 일관되게 적용하는 데 몇몇 심리적 장애를 가지고 있다. 위대한 코치들은 이러 한 장애를 극복하는 방법을 잘 알고 있다.

신화: 코칭은 피드백과 같다.
현실: 기타 중요한 코칭 스킬 및 습관들도 많다. 사람들은 대부분 코칭은 그저 피 코치자에게 피드백과 제안을 제공하는 것이라고 생각하지만, 사실 통찰력 있는 피드백은 코치의 스킬들 중 하나에 불과하다. 예를 들어 위대한 코치들은 보통 효과적으로 질문하는 스킬에 정통하다.

피코치자는 흔히 "당신은 이걸 잘못한 거야. 다음에는 이렇게 하도록 해"라고 지시받는 대신 "당신은 얼마나 잘했다고 생각해? 다음에는 어떤 식으로 해야 할까?"라고 묻는 코치로부터 더 많이 배울 수 있다.

기타 GROW 접근법과 동기부여 같은 스킬들도 있다.

신화: 코칭은 많은 시간을 요한다.
현실: 최고의 코칭은 적은 시간 투자로도 가능하다. 많은 사람이 코칭은 많은 시간을 요한다고 믿는다. 그러나 약간만 연습하면 코칭에 그리 많은 시간이 소요되지 않는다. 약간의 시간(적게는 5분)만 투자하면 가시적인 성과를 얻을 수 있다.

신화: 코칭은 업무에 관한 것이다.
현실: 좋은 코칭은 생활의 기타 영역들로도 확산된다. 직장에서 코칭 스킬을 얻은 사람들은 대개 친구, 아내와 자녀들을 돕는 능력도 개선되는 것을 알게 된다. 그런 측면에서 코칭은 분명 생활 스킬이다.

전기의자를 사용한 연례 평가 때마다 왓슨은 약간의
정신적 충격을 받는데...

코칭을 할 때에는 판단하지 말고 안내하라.

제5장 피드백 주기

알렉스는 처음 진정으로 효과적인 피드백을 전달한다

2주 후 사보에서 코칭의 신화를 다룬 사라의 글을 읽으며 알렉스는 고든을 떠올렸다. 약간의 시간을 투자해 그에게 코칭을 해주는 것은 가치 있는 일이라고 생각했다.

대학을 갓 졸업하고 최근 회사에 입사한 고든은 알렉스가 직접 보고를 받는 첫 직원이었다. 회사는 아이스크림 시장에 다시 관심을 보였고, 알렉스는 고든의 도움을 받아 아이스크림과 냉동 요구르트를 제조하는 대기업인 콘스 앤드 텁스 인터내셔널을 인수할 만한 가치가 있는지 조사 평가했다.

일은 순조롭게 시작됐다. 둘은 관련 정보를 수집했고, 그 회사의 고객들 일부를 면담했으며, 콘스 앤드 텁스 회사의 가치를 추산했다.

그러나 곧 알렉스는 고든이 근무시간에 어디론가 오래 사라지는 습관이 있다는 점을 알아챘다. 그가 일을 아주 열심히 하는 것은 분명했는데, 알렉스가 자료를 요청할 때마다 그는 늘 관련 사항을 다양한 각도에서 철저하게 분석해 자신의 퍼스널 컴퓨터에서 잔뜩 인쇄해주었기 때문이다.

문제는 고든이 갑자기 근무처를 이탈하는 경우가 잦다는 점이다. 알렉스는 이러한 이탈이 그가 주기적인 팀 미팅에 주의를 기울이지 않기 때문이라고 확신했다.

'모종의 피드백이 필요한 때야.' 알렉스는 사라가 준 건설적인 피드백의 제공에 관한 소책자를 휙휙 넘겨가며 이렇게 생각했다.

이 책에서 피드백의 전달을 다룬 부분은 코칭이 단순히 피드백을 주는 것 이상이라고 주지시키면서 시작된다. 그러나 피드백은 매우 중요한 스킬이고 피드백을 잘하는 방법을 일반화하기는 어렵다고 한다. 그럼에도 불구하고 그 글은 피드백을 제공할 때 염두에 두어야 할 3가지 사항을 기억하기 쉽게 AID란 약어로 제시했다.

A (Action 행동): 피코치자가 검토 대상 분야에서 잘하고 있는가
혹은 잘못하고 있는가?

I (Impact 영향): 그러한 행동이 가져오는 효과

D (Desired outcome 바람직한 결과): 피코치자가 일을 보다 효과적으로
수행할 수 있는 방법

고든이 예정된 미팅에 참석하기 위해 들르자 알렉스는 슬그머
니 그 소책자를 덮었다. 알렉스는 현재까지 프로젝트의 진행이
순조롭다는 평가로 시작했고 이제까지 고든이 수행한 일의 몇
가지 측면을 축하해주었다. 그런 다음 이렇게 말했다. "고든, 우
리의 팀 미팅에 참가할 때 당신의 태도에 관해 피드백을 주려
하네. 당신도 도움이 되리라고 생각하나?" 조심스럽게 고든은
동의한다는 뜻으로 머리를 끄덕였다.

"글쎄, 가끔 당신은 팀 토론에 완전히 빠져들지 못한다는 점을
눈여겨보았네." 고든은 안절부절 못하며 의자에서 몸을 꼬았
다. "예를 들어 어제 미팅 때만 해도 당신은 딴 생각을 하는 것
만 같았어. 때로 창밖을 바라보기까지 했지. 내 관찰이 정확했
다고 생각하나?" (행동에 대한 설명)

"저는 끝도 없는 토론에 가끔은 다소 따분함을 느낍니다." 고든이 대답했다. "저는 분석에 몰두하는 편을 선호합니다."

"알겠네, 고든. 하지만 그러한 태도의 문제점은 미팅이 끝나 당신이 업무로 복귀할 때 미팅에서 다른 사람들이 모두 동의한 내용을 고려하지 못한다는 것이지. 그 결과 일부 업무가 장황해지고 당신은 꽤 거만한 인상을 주게 되지. 팀원들의 의견 따위에는 귀 기울이려 하지 않는 사람으로 비치기 때문일세." (영향에 대한 설명)

"제 일처리가 간결하지 못하다는 첫 번째 지적은 알겠으나, 제가 거만하게 보일 줄은 깨닫지 못했습니다." 고든이 놀라워하며 대답했다.

"이 상황을 어떻게 해결할 수 있을지 함께 생각해보기로 하세." 알렉스가 제안했다. "당신은 어떻게 해야만 미팅에 보다 집중할 수 있다고 생각하나?" (바람직한 결과에 대한 논의)

고든은 바로 대답을 떠올리지 못했다. 사실 그는 본격적인 직장 생활이 처음이고 팀을 이루어 일하는 데에도 익숙하지 않았다. 그래서 알렉스가 계속 얘기했다. "매번 미팅을 시작할 때 당신의 가장 최근 업무를 보고하도록 하는 것은 어떨까? 아니면 더 나아가 당신의 역할을 프로젝트의 전반적 조정 업무에 있어 나를 돕는 것으로 확대하면 어떨까? 이렇게 하면 당신은 일의 진행 상황을 체크할 수 있을 걸세. 아마도 당신은 매번 미팅이 끝날 때마다 우리가 동의한 다음 단계의 조치들을 정리할 수도 있을 걸세."

✦ ✦ ✦

이는 훌륭한 아이디어인 듯했다. 고든이 사무실을 나설 때 알렉스는 이번 회합은 실질적으로 둘이 충분한 상호작용을 못했기에 '코칭'이라고 하기는 어렵지만 건설적인 피드백이었다고 생각했다.

다음 몇 주 동안 고든은 매우 적극적으로 미팅에 임했다. 팀원들은 그에 대한 불평을 멈췄으며, 알렉스는 프로젝트 조정 업

무의 상당 부분을 그에게 위임할 수 있다는 점을 깨달았다. 알
렉스는 AID 방법이 간단하면서도 효과적이라고 느꼈고 앞으로
좀 더 자주 시도해보겠다고 생각했다.

피드백 제공

피드백 제공은 코치의 가장 중요한 스킬들 중 하나이다. 좁게 정의하자면 그것은 피코치자가 특정 상황에서 무엇을 했는지를 그에게 재현하는 것이다. 보다 넓게 그리고 보다 유용하게 정의하자면 피코치자의 행동이 미친 영향을 강조하는 것이 포함된다. 또한 피코치자의 향후 행동 개선에 관한 논의도 포함된다.

몇 가지 정의:

- 긍정적 피드백은 피코치자가 일을 잘한 상황에 적용된다. 이는 간단한 칭찬으로 이루어지나, 피코치자가 잘한 이유나 방법을 특히 강조할 때 훨씬 더 강화하는 효과가 있다.

- 건설적 피드백은 피코치자가 다음에 더 잘할 수 있는 방법을 강조한다. 이는 상대방의 기분을 헤아려 전달할 필요가 있다.
  - 앞서 제시한 AID 방법을 이용한다.
  - 피코치자의 행동을 설명할 때에는 구체적이고 관찰 가능한 사실에 집중해야지("지난번 프레젠테이션 때 당신은 몇 가지 추가 질문을 충분히 설명하지 않았어"), 추정되는 사람의 특성에 초점을 두어서는 안 된다("당신은 모호한 경향이 있어").

- 부정적 피드백, 즉 단순히 잘못된 일을 재현하는 것은 본질적으로 파괴적이다. 이러한 피드백은 우정 및 결혼을 끝장낼 경우에만 대개 우발적으로 사용

된다. 이는 해결책은 제시하지 않고 인식된 부정적인 행동만 설명한다("당신은 항상 불평이야").

당신이 피코치자의 업무 수행을 논의할 때 구체적이고 관찰 가능한 사실에 입각하려면, 당시에 적어둔 노트를 참조하거나, 촬영했던(피코치자의 동의가 필요하다) 비디오테이프를 돌려보거나, 또는 제3자에게 물어본다.

피드백 제공에 도움이 되는 힌트

나쁜 피드백	좋은 피드백	좋은 피드백 특징
방어 및 대결 구도를 조성하며, 비난에 집중한다.	신뢰 및 협조 분위기를 조성하며, 가능한 또는 이미 성취된 개선에 집중한다.	• 사안을 논의하기 위한 합의를 한다. • 피코치자의 감정을 인식한다.
기술을 개선하지 못한다.	기술을 향상시킨다.	• '사람'이 아니라 '기술'에 집중한다. • 바람직한 기술을 구체적으로 묘사한다. • 실질적인 조치를 제안한다.
자신감과 자존심을 손상시킨다.	능력과 잠재력에 대한 자신감을 증진시킨다.	• 필요에 따라 '향상시키라' 또는 '입증하라' 아니면 '그래선 안 돼' 또는 '입증해야만 돼'라는 입장을 취한다. • 긍정적 및 부정적인 측면의 균형을 취하며, 건설적인 행동을 제안한다.
추측하도록 한다.	'정확한 현재 위치'와 '다음에 해야 할 일'을 명확히 해준다.	• 질문으로 확인하며, 피코치자에게 요점을 재확인하도록 요청한다. • 협조해 계획을 세운다.
'판단 받았다'는 느낌을 준다.	'도움 받았다'는 느낌을 준다.	• 피코치자가 먼저 자신의 업무 수행을 평가하도록 유도한다. • 미래 지향적 지원을 제공한다.

연습

오늘 당신이 유용한 피드백을 제공해줄 수 있는 사람을 찾아(201페이지 부록 2 참조) 피드백을 전달해본다.

직선 코스에 접어들면서 마주 달려오는 7명의 선수들을
보게 되자, 데이브는 비로소 자신이 반대 방향으로
출발했다는 사실을 깨달았다.

코칭 세션을 잘 짜서 올바른 방향에서 시작하라.

제6장 코칭 세션의 구조화: GROW 모델

알렉스는 코칭의 대가를 만나 코칭 세션을 구조화하는 GROW
(Goal, Reality, Options, Wrap-up) 접근법을 배운다

알렉스는 사무실에서 노크 소리가 들리자 깜짝 놀랐다. "잘 있
었나, 알렉스? 자네가 피드백 마니아라는 명성을 쌓아가고 있다
는 얘기를 들었네."

회사의 최고재무책임자(CFO) 마이클이었다. 그는 알렉스의 상
사이자 콘스 앤드 텁스 인터내셔널 회사의 인수 건에 관해 자문
하기 위해 알렉스가 이끄는 다기능 팀 '프로젝트 퀘스트'의 비상
임 멤버이기도 했다.

오후 3시밖에 안 됐지만 알렉스는 기진맥진해보였다. "잘 지내
고 있습니다." 그는 아무 생각 없이 대답했다.

"알렉스, 30분 정도 일을 접어두는 것이 어떤가? 자네에게 무슨

문제가 있는 듯한데, 내가 도움이 될 수 있을 것 같아 그러네."

알렉스는 감사한 마음으로 그 제안을 받아들였다. 그는 마이클 과는 터놓고 지내는 사이이기도 했다. 회사의 연례 테니스 대회 에서 둘이 복식 우승을 한 이래로 마이클은 그의 비공식 멘토였 다. "저는 이제 이 회사에 입사한 지 1년 조금 더 지났습니다. 그 동안 상당한 시간을 회의 운영에 바쳤지요. 하지만 논의가 제가 원하는 만큼 진전되지 않는 것 같습니다. 아마도 제가 뭔가 잘 못하는 것 같은데..."

"10분 정도 시간을 내줄 수 있네." 마이클이 말했다. "자네를 도 울 수 있는 방법을 함께 찾아보세. 하지만 먼저 회의 운영 전반 에서 그리고 특히 앞으로 10분 동안의 논의에서 자네의 목표 (goal)는 무엇인가? 다시 말해 내가 이번에 자네의 소원 한 가지 를 들어주겠다면 어떤 것을 얘기하겠나?"

"회의 운영을 개선하는 방법에 관한 간단한 체크리스트를 알아 보는 것이겠지요."

"그러면 자네는 다음 10분 동안 우리가 그 목표를 달성할 수 있다고 생각하나?" 마이클이 물었다.

"한번 해보지요. 손해 볼 것 없지 않습니까? 해결책이 있을 것 같다고 생각하니 이미 한결 기분이 좋아졌습니다."

마이클은 그 상황의 현실(reality)에 대해 좀 더 구체적으로 물었다. 실제로 문제가 있다는 점을 어떻게 알았는지, 회의의 역동성 관리 측면에서 그가 부족함을 느꼈던 특정한 상황이 있었는지, 그리고 그간 어떤 해결방안을 시도해보았는지 알렉스에게 물었다. 물론 마이클 자신도 알렉스가 주재한 회의에 많이 참석했으므로 자신이 관찰한 바를 한두 가지 제시할 수 있었다. 그러나 그는 나오는 아이디어가 유용하려면 진단을 내려야 하는 사람은 알렉스 자신이어야 한다는 점을 잘 알고 있었다.

애초에 알렉스는 자신이 겪는 어려움의 주요 이유가 몇몇 골치 아픈 팀원을 다루는 능력이 결여되어 있기 때문이라고 생각했다. 그러나 마이클의 코칭을 받아 여러 가지 사항을 철저히 검토해보니, 사전에 회의를 기획하는 과정에 충분한 관심을 기울이지 않았다는 점도 깨달았다. "그렇다면 알렉스, 사람과 기획 중 어느 주제에 초점을 두고 싶나?"

"회의의 기획에 대해 얘기하지요." 알렉스가 대답했다. "다루기 곤란한 팀원들과의 관계를 설정하는 문제에 관한 논의는 좀 더 생각이 필요해요."

"좋아. 그렇다면 자네가 가진 대안(options)에 집중하세. 자네는 어떤 시도를 할 수 있겠는가? 비슷한 상황에서 효과적이었던 것은 어떤 경우였는가? 근본적으로 얘기해보도록 하게."

알렉스는 잠시 생각에 잠겼다. "회의 준비에 보다 주의를 기울일 수 있겠다고 생각되는군요."

"그건 무슨 얘기인가?" 마이클이 플립차트 쪽으로 움직이면서 물었다.

"예, 현재 저는 논의할 주제들을 단순히 나열한 의제만 준비해서 회의에 임합니다. 앞으로는 보다 집중하고 해결해야 하는 구체적인 사안들을 실제적으로 나열하겠습니다. 각 사안을 해결하기 위한 팀의 추정 대안들도 열거할 수 있을 것 같습니다. 그리고 그걸 회의 전에 미리 돌리겠습니다. 이런 식이라면 우리는 진정으로 집중할 수 있습니다." 알렉스는 안도감을 느끼기 시작했다. 그리고 그는 회의 준비를 개선하기 위한 기타 아이디어들을 찾으려 브레인스토밍을 계속했으며, 마이클도 가끔씩 떠오르는 아이디어들을 추가해주었다. 마이클은 심지어 언젠가 필요할 경우에 대비해 이때 나온 아이디어들 중 일부를 머릿속에 메모해두었다.

"결론(warp-up)을 내릴 시간이네." 마침내 마이클이 시계를 흘긋 보면서 말했다. "자네는 이번에 제기된 아이디어들 중 어느 것을 실행하리라 생각하는가? 다음 단계는 무엇인가? 어떤 지원이 필요한가?"

알렉스는 그들이 방금 제시한 아이디어들을 자신이 채택할 것이고 그 아이디어들은 분명 유용하리라 확신했다. 또한 그는 자신을 좀 더 잘 이해하게 되었고 앞으로 비슷한 사안을 해결할 때 보다 자신감을 가질 수 있겠다고 생각했다. "마이클, 제가 하나 더 부탁드릴 것은 다음 회의 때 제가 앞서 말한 것을 하나라도 미리 준비하지 못했다면 저를 지적해달라는 것입니다."

◆ ◆ ◆

'목표, 현실, 대안, 결론.' 마이클은 알렉스의 사무실을 나서면서 이렇게 생각했다. '이 구조는 단순히 피드백의 제공을 넘어서 정말로 효과적인 코칭 세션을 원한다면 항상 통하는 것 같아.'

"그런데 알렉스, 나는 정말이지 아이스크림 회사 인수 건이 승인받으리라고 생각하네. 합병 후 통합 프로젝트를 운영할 사람으로 자네 이름이 거론되기까지 하더군. 그건 아마도 승진을 의미하는 것이겠지. 물론 나도 그 프로젝트에 관여할 거야. 사라 제닝스도 마케팅 파트를 담당할 거고. 사라를 알고 있나? 그녀와 함께 일하면 즐겁지."

코칭 세션의 구조화 - GROW 모델

그렇다면 실제로 코칭 세션을 어떻게 구성하는가? 목표, 현실, 대안, 결론을 의미하는 GROW(Goal, Reality, Options, Wrap-up) 모델은 위대한 코치들이 널리 이용하는 가장 흔한 코칭 모델의 하나이다.

이 모델은 코칭 세션을 간단히 4단계로 구조화한다. 첫째 단계(목표)에서 코치와 피코치자는 논의할 구체적인 주제와 목표에 합의한다. 둘째 단계(현실)에서는 코치와 피코치자가 모두 자기 평가를 유도하고 자신들의 논지를 명확히 하는 구체적인 사례를 제시한다. 그런 다음 셋째 단계(대안)로 넘어가 대안을 제안하고 그 중에서 선택한다. 마지막 단계(결론)에서는 코치와 피코치자가 행동을 약속하고, 자신들의 목표를 위한 일정표를 작성하며, 예상 가능한 장애들을 극복하는 방법을 확인한다.

이 모델의 사용에 있어 몇 가지 조언을 하면 다음과 같다.

- '지시'보다 '질문'을 더 활용한다. 피코치자로부터 유용한 아이디어를 끌어낸다. 당신이 뛰어나다는 점을 증명하려고만 해서는 안 된다.
- 특히 대안 및 결론 단계에서는 체계적으로뿐만 아니라 창의적으로 생각한다.
- 시종일관 피코치자와 당신 자신의 경험으로부터 구체적인 사례를 들어 설명하고 이해가 되는지 점검한다.
- 코칭 세션은 필요에 따라 각 단계를 단축하거나 연장해도 된다.

GROW 모델

- 논의할 주제를 합의한다.
- 세션의 구체적인
  목표를 합의한다.
- 적절하다면
  장기 목표를 설정한다.

- 자기 평가를 유도한다.
- 구체적인 사례로
  피드백을 제공한다.
- 근거 없는 추측은
  피하거나 점검한다.
- 관련 없는 과거사는 꺼내지 않는다.

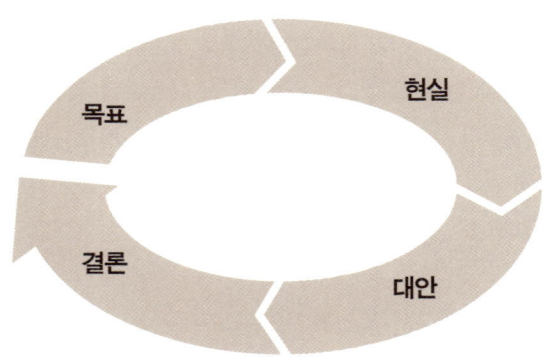

- 행동을 약속한다.
- 예상 가능한 장애를 확인한다.
- 단계를 구체화하고
  일정표를 작성한다.
- 지원을 합의한다.

- 대안의 선택이 이루어지게 한다.
- 모든 가능한 대안을 검토한다.
- 피코치자로부터 제안을 유도한다.
- 제안을 신중하게 제시한다.

연습

이번 주에 GROW 모델을 적용할 수 있는 기회를 찾아본다. 이용할 질문의 사례는 부록 3(202페이지)을 참조한다.

톰슨과 맥과이어는 서로 마주친 적이 없었을지도 모르지만,
이들은 경찰청에서 최고의 과학수사팀이었다.

훌륭한 팀은 업무 스타일의 개인차를 극복한다.

제7장 업무 스타일의 개인차 진단

알렉스는 업무 스타일이 아주 다른 두 사람을 조화시키는 방법을 배운다

2주 후 알렉스는 자신의 삶이 보다 조절되고 있다고 느끼기 시작했다. GROW 모델을 가르쳐준 마이클 덕분이었다. 그러나 그는 항상 다투는 프로젝트 퀘스트 팀의 두 동료 톰과 딕이 여전히 골칫거리였다.

알렉스는 힘으로 이들의 싸움을 말려야 할지, 아니면 보다 탐색적으로 접근해야 할지 확신하지 못했다. 마이클과의 면담이 끝나갈 즈음 알렉스는 톰과 딕에 관한 조언을 구했다. 마이클은 빙빙 돌려 말하지 않았다.

"나도 그 둘을 몇 차례 만난 적이 있네, 알렉스. 내 장담하네만 톰은 ENFP이고 딕은 ISTJ야." 알렉스가 멍한 표정을 짓자 마이클은 계속 말했다. "심리학에 대해 좀 아나?" 알렉스는 머리를

저었다. 그는 관리자들이 사람들의 행동 원리에 대해서는 거의 배우지 않는다는 사실이 이치에 맞지 않는다는 생각이 갑자기 떠올랐다.

"음," 마이클이 계속 얘기했다. "하지만 심리학 학위가 있어야만 효과적인 관리자 및 코치가 되는 것은 아니지. 다만 자네는 사람들마다 상호작용 스타일이 다르다는 점은 알아두어야 해."

"개인적으로 'MBTI(Myers-Briggs Type Indicator: 마이어스-브릭스 성격유형 지표)'를 사용해보도록 추천하고 싶네. 다소 어려운 말로 들리겠으나, 실제로는 매우 간단하지. 2분간 간략히 설명해주겠네만, 그 지표에 대한 지침을 다운로드하는 것이 좋을 거야."

"이 성격유형 지표는 사람들이 일상생활을 하면서 선호하는 방식을 설명해주지. 자네도 회의를 주재해보았으니 잘 알겠지만, 일부 사람들은 한 의제만을 물고 늘어지는 반면 다른 일부 사람들은 이런저런 아이디어를 검토해보는 것을 선호하지. 첫째 유형의 사람은 ISTJ라고 할 수 있는 반면 둘째 유형의 사람은

ENFP라고 할 수 있네. 자네가 사람이 어떤 '유형'인지를 안다면 그 사람들과 상호작용하는 데 큰 도움을 받게 되지. 또한 그들이 서로 함께 일하도록 도와줄 수도 있고."

"자네는 ISTJ니 ENFP니 하는 말들이 무슨 뜻인지 궁금해 하는 거지? 성격유형 지표는 사람들이 각자 선호하는 방식의 차이를 나타내는 4가지 선호 지표로 구성되어 있지. 첫째 지표는 사람들이 어떻게 '활력'을 얻는지와 관련이 있네. 내향형(Introvert, I)은 사고와 아이디어로 이루어진 내면 세계에 의해 활력을 얻는 반면 외향형(Extrovert, E)은 사람과 사물로 이루어진 외부 세계에 의해 활력을 얻지."

"둘째 지표는 사람이 무엇에 '주의'를 기울이길 선호하냐는 거네. 감각형(Senser, S)은 사실과 오감(五感)에 집중하는 반면 그 반대인 직관형(Intuiter, N)은 일어날 일과 육감(六感)에 집중하지."

"셋째 지표는 사람이 어떻게 '결정'을 내리길 선호하냐는 거네. 사고형(Thinker, T)은 이성과 논리를 이용하는 경향이 있는 반면 감정형(Feeler, F)은 가치와 주관적 판단을 이용하지."

"마지막 지표는 사람의 '삶'에 대한 전반적인 접근법을 말하네. 판단형(Judger, J)은 계획되고 조직되는 것을 선호하는 반면 인식형(Perceiver, P)은 자발성과 융통성을 선호하지. 이 모든 지표를 조합하면 16가지의 기본적인 선호 유형이 나오네."

알렉스는 이해한다고 생각했다. "그렇다면 내향형, 감각형, 사고형 및 판단형의 사람인 ISTJ는 외향형, 직관형, 감정형 및 인식형의 사람인 ENFP를 해이하고 무질서하다고 생각하겠군요. 반면 후자는 전자를 상상력이 부족하고 어둠속에 뛰어드는 것을 두려워하는 사람이라고 생각할 테고요. 좋습니다. 이를 어떻게 이용해야 할지 알 것 같습니다. 그렇지만 사람을 대할 때 어느 '유형'에 속하는지 어떻게 알 수 있을까요?"

"ISTJ에 속하는 사람 같이 들리는 질문이군, 알렉스! 자네가 팀원들이 결과를 공유해야 한다고 생각한다면 그들에게 성격유형 검사지를 돌려 작성하도록 하게. 아니면 자네의 직관을 이용해야 해. 이러한 점들을 염두에 두고 톰 그리고 딕과 따로따로 대화를 나눠보게나. 하지만 검사지를 사용할 경우에는 주의사항을 꼭 읽어보도록 하게."

＊ ＊ ＊

알렉스는 복도를 따라 톰의 사무실로 향했다. 그는 항상 톰의 사무실은 어수선하다고 생각했다. 그러나 이제 그는 그러한 점이 융통성, 창의성과 자발성을 중시하는 사람에게는 문제가 되지 않을 수도 있는 이유를 다소 이해하게 됐다.

톰 그리고 딕과의 대화를 모두 마친 후 알렉스는 원래 진단이 옳았다고 결론지었다. 그들 사이에 뿌리 깊은 적의가 존재하기는커녕 그들 각자가 선호하는 업무 스타일이 서로 아주 달랐을 뿐이었다. 그는 이제 두 가지의 대안이 있다는 점을 알고 있었다. 하나는 프로젝트 내에서 톰과 딕이 함께 일해야만 하는 경우를 피할 수 있도록 재배치하는 방법이다. 아니면 문제를 정면 돌파하는 것이다. 후자의 접근법에 있어 이점은 (1) 톰과 딕이 새 분야의 업무에 익숙해질 필요가 없다는 것과 (2) 이 두 팀원이 상호 보완하는 방식으로 각자의 서로 다른 기술을 제공한다면 팀이 오히려 보다 효과적일 수 있다는 것이다.

알렉스는 이 후자의 길을 택했다. 실제로 그는 자신을 포함해 팀원 모두에게 성격유형 검사지를 작성하도록 하고 그 결과를 공유했다. 톰과 딕은 처음 며칠 동안 서로를 경계했으나, 둘 사이에 이해가 증진돼 점차 생산적인 협력 관계를 확립했다. 당연하게도 톰은 창의적인 아이디어를 제안하고 딕은 그 실용성을 점검하는 데 집중했다.

프로젝트 퀘스트가 완료되었을 즈음 알렉스는 톰과 딕이 서로에게서 실제로 배운 것에 관해 자신들의 생각을 공유한다는 점을 알고 놀랐다. 톰은 보다 조직적일 필요가 있을 때 자신이 할 수 있는 일들을 작성했고 딕도 마찬가지로 해서 창의성을 발휘했다. 알렉스는 향후 이런 유형의 상호 학습을 보다 적극적으로 권장하기로 결심했다.

✦ ✦ ✦

알렉스는 팀원, 관리자와 코치가 사람들의 상호작용 방식에 관한 간단한 모델을 가지는 것과 이 주제를 공개적으로 논의하는 것이 매우 중요하다는 점을 알게 됐다. 또한 그는 수많은 오해가 흔히 상대방이 우둔하다거나 의지가 형편없다고 보는 인식에서보다는 업무 스타일의 차이에서 비롯된다는 점도 깨달았다.

'그러나 진정한 파워는 개인의 스타일에 대해 통찰력을 가지고 이를 코칭 스킬과 결합할 때 나타나며, 이들 스킬은 효과적인 질문을 던지고, 적극적으로 얘기를 들어주고, 명확한 피드백을 제공하고, GROW 모델을 이용하는 것이다'라고 알렉스는 생각했다.

선호하는 스타일의 이해

사람들이 사용하기를 선호하는 상호작용 스타일을 확인하고 특성화하는 모델이 많은데, 널리 이용되는 접근법이 MBTI(마이어스-브릭스 성격유형 지표)이다. 이 모델은 다음과 같이 삶에 대해 개인이 선호하는 접근법의 4가지 '지표'에 기초한다.

1. 활력을 얻는 방식(외향형 대 내향형)
2. 주의를 기울이는 대상(감각형 대 직관형)
3. 결정하는 방식(사고형 대 감정형)
4. 살아가고 일하는 방식(판단형 대 인식형)

다른 사람과 효과적으로 함께 일하려면 상대방이 선호하는 스타일을 고려해야 한다. 예를 들어 '판단형'은 의제를 벗어날 수도 있는 '인식형'에 의해 짜증을 낼 수 있다. 역으로 '인식형'은 '판단형'을 창의적인 대안을 탐색해보기 위해 시간을 내려하지 않는다고 생각할 수도 있다.

각 지표의 특성들은 반대를 가리킨다. 상세한 설명은 데이비드 케어지(David Keirsey)와 마릴린 베이츠(Marilyn Bates) 공저 『나를 이해해줘요(Please Understand Me)』를 참조한다.

프로파일 받기에 대한 자세한 정보를 얻으려면 다음 주소로 접속한다.

- Oxford Psychologist Press Ltd. http://www.opp.com (UK)
- Consulting Psychologists Press, Inc. www.cpp.com (USA)
- 한국MBTI연구소. http://www.mbti.co.kr (한국)

마이어스-브릭스 성격유형 지표 - 핵심 요소

1. 활력(에너지의 방향)

외향형(E)	내향형(I)
외향적	내향적
외부로 밀어냄	내면으로 끌어당김
불쑥 말함	내면에 간직함
폭넓음	깊음
사람, 사물	아이디어, 사고
상호작용	집중
행동	숙고
행동-생각-행동	생각-행동

2. 주의(인식)

감각형(S)	직관형(N)
오감	육감
현실적인 것	가능한 것
실제적	이론적
현재	미래
사실	통찰
검증된 기술 이용	새로운 기술 학습
유용성	혁신성
단계적	비약적

3. 결정(판단)

사고형(T)	감정형(F)
머리	가슴
논리적 체계	가치 체계
객관적	주관적
정의	자비
비판	칭찬
원칙	조화
추론	감정이입
단호하지만 공정함	동정적임

4. 삶(외부 세계에 대한 지향)

판단형(J)	인식형(P)
계획적	즉흥적
규제	흐름
통제	적응
안정적	잠정적
삶을 경영	삶을 방임
목표 설정	자료 수집
결정적	개방적
조직적	유연함

연습

당신 자신에 대해 그리고 당신과 함께 비효율적으로 일해 온 사람에 대해 생각해본다. 당신은 이상의 4가지 중 어느 지표에서 그 사람과 다른가? 함께 보다 잘 일하기 위해 당신이 했을 수도 있는 것은 무엇인가? 당신과 당신의 팀이 당신의 성격 '유형'을 확인하게 하는 일정을 고려해본다.

브릭스는 핑클스타인 후치 앤드 크루프 회사 역사상 자신이
최고의 회계 부장, 자료 분석가, 경제 전문가, 증권 인수인이자
재주꾼이라고 생각했다.

당신의 코칭 장애를 극복하라. 그렇지 않으면
당신은 절대로 위임하지 못할 것이다.

제8장 코칭 장애의 확인과 극복

알렉스는 모든 코칭 교훈을 잊고 만다

마침내 계약서에 사인하는 순간 샴페인이 터졌다. 콘스 앤드 텁스 인터내셔널 아이스크림 회사를 인수함으로써 알렉스의 회사는 창사 이래 최대 규모의 기업 인수를 완료했고 세계 최대의 아이스크림 제조사가 되었다.

알렉스는 12명의 전담팀으로 통합 작업 '프로젝트 제네시스'를 이끄는 책임자가 되었다. 그는 잘해낼 수 있다는 자신감에 넘쳤고 그의 승진은 보장된 것이나 마찬가지였다. '입사한 지 불과 18개월 만에 부장이라, 나쁘지 않은데!' 그는 이렇게 생각했다.

그는 일을 시작했다. 자신과 팀에 무리해 보이는 스케줄을 작성했다. 해야 할 일이 너무도 많았다. 새로운 경영 전략을 수립하고, 예상되는 원가 절감과 시너지 효과를 확인하고, 주요 고객의 동요를 막고, 인수에 따른 재정적 영향을 재확인해야 했다.

아직도 알렉스의 상사인 봅은 걱정하지 않을 수 없었다. 그 프로젝트의 책임자 역할을 맡았다는 희소식을 전하고 자신의 사무실을 나가는 알렉스에게서 봅은 거들먹거리는 행세를 알아챘던 것이다. 이제 알렉스는 그 정도로 열정이 넘쳐났다.

다른 팀원들이 당장 그 프로젝트에 가담할 수 없었기에 알렉스는 그 사이에 팀의 활동에 관해 아주 상세한 계획을 세웠다. '흠…' 그는 이렇게 생각했다. '이 프로젝트를 위해서는 많은 자료를 분석해야 돼. 또한 시장조사를 의뢰해야 하고 시장에서 관련 부문들을 확인하기 위해 컨조인트 분석(conjoint analysis: 제품 또는 서비스의 속성들에 고객이 부여하는 가치를 추정해 고객이 어느 제품을 선택할지 예측하는 통계기법)을 해야 하겠지. 그러면 각 지역에서 제품 유형별 판매 경로가 파악될 것이고…'

불행히도 알렉스는 마케팅 전문가는 아니었다. 그렇지만 마케팅부 직원들은 팀에 합류했을 때 알렉스가 이미 자신들이 해야 할 일을 정확하게 짜놓았음을 알았다. 알렉스는 시장에 대한 가정에서 오류를 범했지만, 그의 스타일은 팀원들이 자신의 오류를 바로잡게 하는 것을 용납하지 않았다. 재무부와 영업부에서 추가로 합류한 직원들도 비슷한 경험을 했다.

그래서 팀에는 첫 번째 전체 회의를 마쳤을 때 불행한 운명이 임박했다는 분위기가 감돌았다. 여름철 성수기가 오기 전에 통합 작업을 완료하는 것이 시급하다고 모든 팀원에게 주지시키면서, 알렉스는 팀원 누구에게도 전문성의 발휘를 원하지 않았고 팀원들이 향후 2개월 동안 해야 할 모든 업무를 극히 세부적으로 배정했다. 그들이 걱정하는 것은 당연했다. 이후 수 주간 알렉스는 대부분의 시간을 '지시' 모드로 보냈다. 더욱이 팀 토론 시간이 거의 없었기에 팀원들은 서로의 업무가 중복되고, 옆길로 빠져버리며, 전반적으로 동기가 저하되는 것을 깨달았다.

◆ ◆ ◆

알렉스의 책상 위에는 아마존 열대우림 여러 곳을 희생시켰음 직한 서류 더미가 쌓여 있었는데, 그곳 어딘가에서 전화가 울렸다. "오, 알렉스, 나 봅일세. 잠깐 내 사무실에 들를 수 있겠나? … 그래, 지금 말이네." 자신의 책상에 앉아 있던 봅은 알렉스가 들어서자 눈을 마주쳤다. "알렉스, 자네에게 전할 좋은 소식도 있고 나쁜 소식도 있네. 어떤 소식부터 듣겠나?"

알렉스는 먼저 좋은 소식을 택했다. 그건 인수심의위원회가 그간 알렉스의 팀이 이룬 진전에 꽤 만족해한다는 내용이었다. "하지만," 봅이 계속 말했다. "우리는 모두 이 프로젝트의 나머지 부분도 제대로 마무리될지 걱정하고 있네. 자네는 좋은 코치이자 관리자로 인정받고 있었지. 그 때문에 우리는 자네에게 이 역할을 맡겼고. 그렇지만 지난 한 달 동안은 미시 경영 방식에 빠져버린 것만 같더군. 자네의 팀원들 중 일부가 팀에서 빼달라고 요청하기까지 했네. 자네가 '식인종'이 되려 한다면 이 프로젝트를 계속 관리할 수 없게 돼. 도대체 무엇이 잘못된 건가?"

"이 프로젝트 참여자들에게 코칭을 해줄 시간이 충분치 않았을 뿐입니다." 알렉스는 어깨를 으쓱한 다음 해결해야 할 문제들을 모두 설명했다. "게다가," 알렉스는 계속 얘기했다. "이 프로젝트의 종결 시한이 3개월밖에 안 남은 상황에서 코칭에 시간을 투자해서는 큰 성과가 없을 거라고 생각합니다."

봅이 이의를 제기했다. "자네는 코칭 장애에 부딪혔구먼, 알렉스. 자네는 그걸 극복해야만 돼. 그것도 빨리." 봅은 코칭을 꺼려하는 알렉스의 태도를 좀 더 자세히 살펴보았다. 그는 가장 자주 마주치는 장애는 관리자가 '코칭을 하거나 피드백을 제공할 시간이 충분하지 않다'고 얘기하는 상황이라고 지적했다. 그러나 그는 이것이 보통 '나는 철저히 통제해야 해. 위임이라는 위험을 감수할 수 없어'라는 태도에 대한 변명일 뿐이라고 말했다. 물론 이러한 반응이 적절한 때도 있기는 하다. 하지만 이런 상황들은 십중팔구 관리자가 직원들에게 전권을 행사하기 위해 가능한 모든 일을 할 필요가 있을 때이다.

"그럼 어떻게 저는 이 장애를 극복할 수 있을까요?" 알렉스가 물었다.

"자네는 기획에 뛰어나지 않은가. 코칭을 계획하는 자네의 기획 스킬을 이용해보게." 봅은 이렇게 대답하고서 알렉스에게 간단한 메모를 건넸다(다음 두 페이지에 실려 있는 내용이다). "자네의 사람 관리하는 스킬을 개선해주기 바라네, 알렉스. 자네는 경영의 기타 모든 측면에서는 강하나, 이 스킬이 걸림돌로 작용할 수 있네."

✦ ✦ ✦

알렉스는 진지하게 자기 평가를 해보아야 한다고 가슴속 깊이 느꼈다. 그에게 삶의 기타 측면들도 순탄치 않았다. 예를 들어 지난 몇 개월에 걸쳐 그의 애인 레이첼과의 관계는 매우 긴장된 상태였다. 그녀는 그가 자신의 얘기를 들어주지 않고 늘 모든 일을 주도하려고만 한다고 비난했다. 심지어 그는 그녀의 어머니에게 그녀가 정확히 어떤 생일 선물을 해야 할지를 지정해주려고 했다. 그 결과 지난주 마침내 그녀는 그를 떠나고 말았다. 어쩌면 그는 '통제 중독자'가 된 것인지도 모른다.

그날 밤늦게 그는 사라에게 전화해 조언을 구했다. 그녀는 일시적으로 홍콩 지사 근무를 하고 있었다. 시차가 있기 때문에 그때 그녀가 사무실에 있을 거라고 생각했다.

코칭 장애의 극복

가끔 우리는 좋은 의도를 가졌을 때라도 다른 사람들에게 코칭을 하는 기회를 잡지 못한다. 왜 그렇고, 이러한 경우에 어떻게 해야 할까?

최근 주요 기관이 이 분야에 대해 연구를 실시했다. 관리자 80명을 대상으로 코칭 행동과 심층적 심리 프로파일을 비교한 것이다. 그 결과 다음과 같은 점이 발견됐다: (1) 관리자들이 종종 자신이 코칭을 하지 않으려고 사용하는 4가지 전형적인 근거; (2) 그러한 상황에서 코칭을 하지 않는 실제 이유; (3) 그들이 이러한 장애를 극복하는 방법(다음 페이지 차트 참조).

예를 들어 코칭을 할 시간이 충분하지 않다고 주장하는 관리자들은 흔히 자신의 환경과 주위 사람들을 통제할 필요를 강하게 느끼는 사람이었다.

이러한 특성의 기원은 관리자의 심리 어딘가에 잠재되어 있지만, 정확한 원인은 확실하지 않다. 상기 연구에서 이루어진 중요한 관찰에 따르면, 관리자들이 코칭으로 들어가는 최선의 길은 코칭 및 피드백을 제공하는 방법과 시점을 '통제하는' 것이다.

기타 자주 접하는 3가지의 코칭 '장애'와 각 장애의 가능한 해결책이 있는데, 다음 페이지와 같다.

코칭 장애와 해법

코칭을 하지 않는 전형적인 '근거'	코칭을 하지 않는 '실제' 이유	코칭 장애를 극복하는 방법
1 '코칭을 할 시간이 충분하지 않아'	철저히 통제할 필요가 있다.	코칭을 언제, 어떻게 할 것인지 아주 구체적으로 합의한다.
2 '피코치자가 반응하지 않을 거야'	코칭을 할 수 없을 것 같아 두렵다.	피코치자에게 어떻게 코칭과 피드백을 받고 싶은지 물어본다.
3 '코칭을 하지 않아도 업무가 악화되지 않을 거야'	무시해버리면 문제는 사라질 것이다.	진정한 리더가 되기 위해 자신의 능력을 재평가한다.
4 '피코치자에게 상처를 줄 수도 있어'	그들은 나를 좋아하지 않는다.	안전한 상황에서부터, 즉 당신과 잘 지내는 사람 혹은 착하지만 뛰어난 인물이 될 수 있는 사람으로부터 시작한다.

> **연습**
>
> 최근에 당신이 코칭을 하거나 피드백을 제공했어야 했던 때를 돌이켜본다. 왜 코칭이나 피드백을 제공하지 않았는가? 그러한 활동을 보다 수월하게 했을 요인은 무엇인가?

조언하는 것과 비판하는 것을 구분하지 못하는 어그의 무능은
중요한 단계에 들어선 프로젝트의 진척을 막고...

즉효 코칭도 잘만 전달되면 효과적일 수 있다.

제9장 즉효 코칭

알렉스는 여전히 혼란스러운 상태였지만 즉효 코칭의 효과를 맛본다

봅과 대화한 후 알렉스는 자신의 코칭 장애를 극복해 팀의 잠재력이 최대한도로 발휘되도록 이끌겠다고 마음을 굳혔다. 이제부터 '통제 중독' 상태에서 벗어나겠다고 결심했다.

그럼에도 그는 회사에서 아이스크림 업계에 가장 정통해 있었으므로 곧바로 지시 모드로 돌아가려는 유혹이 너무 강렬했다. 6주가 지났지만 알렉스는 여전히 프로젝트 제네시스의 단한 부분도 놓아주지 못하면서 고통스러워했다. 새로 구축된 아이스크림 제국의 유럽 생산시설을 통합하기 위해 알렉스가 작성했던 호된 스케줄을 통해 일은 이미 반 정도 진척된 상황이었다.

대부분의 합작 생산시설은 프랑스에 있었으며, 알렉스는 프로

젝트 퀘스트가 끝난 다음에도 계속 프로젝트 제네시스에서 자신과 함께 일하는 톰이 현지 인터뷰를 맡아줄 수 있다고 생각했다. 알렉스는 처음 몇 차례 인터뷰만 직접 한 후 톰에게 맡겨 자신은 마케팅 전략에 보다 시간을 투자할 생각이었다.

그러나 불행히도 알렉스는 이미 톰이 혼자 인터뷰를 수행할 수 없다고 결론지었다. 알렉스는 계획된 인터뷰 미팅을 취소하지 않고 모두 혼자 해냈으며, 밤늦게까지 인터뷰 보고서를 작성하느라 마케팅 전략에는 한두 시간 정도밖에 할애하지 못했다.

어느 날 밤 알렉스는 악몽에 시달렸다. 즉 그는 전화번호부에 수록된 주요 전화번호 보유자들과 모두 인터뷰해야 하는 정말 지루한 프로젝트를 수행하게 되었다. 이 일을 다 하려면 꼬박 1년이 소요되고 그때쯤이면 새 전화번호부가 발행되겠지...

알렉스는 아주 열심히 일하고 있었고 본인도 알았다. 그러나 그는 상사인 봅을 찾아가지 않을 수 없었다. "유럽 통합 작업에 정말 문제가 있습니다, 봅. 일정표를 재조정해야 합니다."

밥은 일정표의 재조정이 불가능하다는 점을 잘 알고 있었다. 여름철 아이스크림 성수기에 대비해 만전을 기해야 했기 때문이다. 게다가 그는 더 많은 시간을 이 프로젝트에 할애할 수도 없었는데, 다른 일들도 많았기 때문이다. 어떻든 그는 알렉스에게 다른 방법이 있다는 확신을 심어주어야 했다. 하지만 그는 10분 후 택시로 공항에 가기로 되어 있었다.

"무엇이 문제인가?" 그는 최근 새로운 전사적 코칭 프로그램으로부터 채택한 '즉효 코칭(instant payoff coaching)' 스킬을 떠올리며 물었다.

"예," 알렉스가 얘기했다. "톰은 인터뷰에 능한 사람이 아닙니다. 그리고 저는 저희 새 프랑스 지사의 톰에 대한 반응을 걱정합니다. 저는 톰을 어떻게 도와야 할지 모르겠습니다. 전반적인 프로젝트 관리도, 마케팅 전략에 관한 제 자신의 업무 완수도 어떻게 할지 모르겠고… 너무 막중해요. 회사에서 이 프로젝트가 차지하는 비중을 감안하면 팀원을 1~2개월만이라도 보강해야 하지 않을까요?"

봅은 잠시 아무런 반응도 보이지 않았다. 그는 더 좋은 해결방안이 있을 수도 있다고 생각했다. 그건 알렉스가 '통제 중독'을 벗어나도록 격려해주는 것이다. "사안을 좀 더 깊이 탐구해보도록 하세. 문제가 해결된다면 어떤 결과가 예상되는지 얘기해보게. 어떻게 해야 할지는 잠시 접어두고 우선 성공이 어떤 결과로 나타날지에 대해서만 얘기하세."

알렉스는 잠시 생각해본 다음 말했다. "저, 톰은 모든 인터뷰를 완수하고, 프랑스의 핵심 중역들과 관계를 구축하고, 인터뷰 결과를 요약하는 보고서의 초안을 작성하고, 다음 운영위원회 회의 며칠 전에 우리가 그 초안을 놓고 토론할 수 있겠죠..."

알렉스는 혼란 속에서 집중하는 듯한 자신에게 눈에 띄게 안도하는 것처럼 보였으나, 곧 당황해했다. "하지만 그는 능력이 충분치 않고..."

봅이 그를 제지했다. "톰의 능력을 살펴보기 전에 현재 우리의 위치와 자네가 바라는 우리의 위치 사이에 어떤 장애물이 놓여 있는지 얘기해보게."

알렉스의 얘기를 들으며 봅은 플립차트에 요점만 열거했다. 그는 장애에 관해 언급하는 대신 알렉스에게 플립차트에 적힌 목록을 보고 각각의 장애가 자신, 타인 또는 상황 중 어디에 놓이는지 지적하라고 했다.

알렉스는 실제로 많은 장애가 자신과 관련되고 톰의 능력과 관련되는 것은 비교적 적다는 사실을 알고 놀라워했다. 봅은 알렉스에게 다음 단계에서 무엇에 집중해야 할 것인지 물어볼 필요도 없었다. 알렉스가 먼저 말했던 것이다. "이거 굉장하군요. 이 스킬을 이용하면 인원을 보충하지 않고도 해결책을 찾을 수 있겠습니다. 프랑스 지사의 지사장에게 그곳 직원들이 톰을 무시하는 태도에 대해서만 얘기해주십시오. 저희는 톰을 1일 인터뷰 교육에 보내겠습니다. 그리고 제가 이틀만이라도 직원 모집 테스크포스에서 손을 뗄 수 있는지 알아보겠습니다." 10분에 걸친 코칭 세션을 마친 다음 봅은 공항으로 출발했고 알렉스는 톰을 찾기 위해 복도를 따라 걸었다.

✦ ✦ ✦

그 후 알렉스는 봅에게 배운 즉효 코칭 스킬을 유익하게 활용했고 프랑스에서 도움이 될까 싶어 톰에게 설명해주기까지 했다.

즉효 코칭

가끔 당신은 코칭 대화를 충분히 나누고 타인의 기술을 진정으로 향상시켜 주기에 시간이나 지식이 모자라지만, 요구되는 업무의 완수에 '매달리는' 사람을 도와주고 싶은 때가 있다.

다음 페이지에 소개한 모델을 이용하면 최단 5분 만에 이러한 바람을 이룰 수 있다. 그 방법은 피코치자에게 상황에 대한 일부 책임은 자기 자신에게 있다는 점과 아무리 사소하더라도 자신이 할 수 있는 일이 존재한다는 점을 알도록 도와주는 것이다.

즉효 코칭

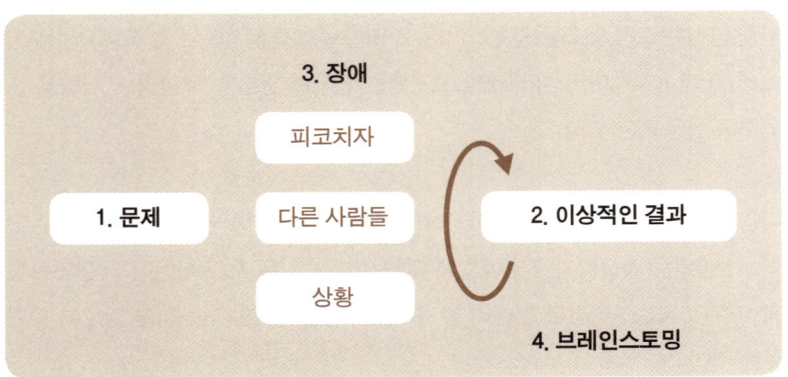

1. 피코치자에게 구체적인 사례를 들고 관련 배경을 약간 언급하면서 현안 또는 문제를 설명하도록 요구한다.

2. 피코치자에게 나타날 이상적인 결과를 설명하도록 요구한다. 문제가 성공적으로 해결되었을 경우의 상황을 가능한 한 구체적으로 '그려보게' 한다. 문제를 해결하려 하지 말고 떠오르는 아이디어를 모두 메모한다.

3. 피코치자와 함께 상기 1과 2 사이에 놓여 있는 모든 장애와 난관의 목록을 작성한다. 그리고 이들을 다음과 같이 세 그룹으로 분류한다.

- 피코치자에 존재하는 장애(기술/지식의 결여, 낮은 동기부여, 태도 등)
- 다른 사람들에 존재하는 장애(화난 고객, 당황하고 스트레스를 받은 관리자 등)
- 상황에 존재하는 장애(부족한 자원, 마감일 변경 등)

4. 이들 장애를 극복하는 방법과 가능한 다음 단계에 관해 함께 브레인스토밍을 한
   다. 접근법, 행동과 타이밍을 합의한다.

연습

이 스킬을 당신 자신에게 적용해본다. 효과가 있다면 당신의 조언을 요청하
는 사람을 대상으로 시도해본다.

프랑켄스타인은 그의 '즐거움 찾기(Jump for Joy)' 프로그램에서
결정적인 오류를 범한다.

피코치자의 기술만이 아니라 의지도 진단하라.

제10장 타인의 기술과 의지에 대한 고려

알렉스는 기술/의지 매트릭스에 대해 배운다

'그럴 때도 됐지.' 알렉스는 봅으로부터 부장으로 승진되었다는 소식을 통보받고 이렇게 생각했다.

"물론," 봅은 알렉스의 마음을 읽고는 덧붙였다. "프로젝트 제네시스를 시한 내에 완수한 경영 수완만 본다면야 자네는 벌써 승진되었겠지. 하지만 우리는 자네에게서 부장에 걸맞은 사람 관리 스킬도 확인해야 했네. 자네가 코칭 장애에 걸려 실족하지 않는다는 점을 확인해야 했지. 요컨대 재고는 관리할 수 있지만 사람은 이끌어야 하거든."

이제 입사한 지 3년째로 접어드는 알렉스는 대여섯 가지 주요 업무를 맡고 있었다. 그는 새 역할을 제대로 수행하기 위해서는 자신의 시간 배분에 신중해야 한다는 점을 잘 알고 있었다. 도저히 이들 업무를 모두 동시에 세세하게 관리할 수는 없었다. 다행히도 그는 효과적인 코칭의 위력을 실감한 다음 그 주제에 관해 보다 심도 있게 공부도 했었다. 그리고 지금은 기술/의지 매트릭스(skill/will matrix)(*이 매트릭스 출처인 'Ken Blanchard's Situational Leadership'에서는 기술(skill)보다 더 큰 의미인 '능력(ability)'을 사용한다. 그래서 보통 skill은 '스킬'로 번역했으나 이 장에서는 '기술'로 번역했다.)를 적용해볼 적기였다. 그는 코칭 서적에서 다음 부분을 다시 읽어보았다.

어떤 점에서 기술/의지 매트릭스의 개념은 간단하나, 이를 효과적으로 적용하려면 실습이 필요하다. 전반적인 개념은 당신의 코칭 및 관리 스타일을 당신이 관리하는 사람들이 이루려 하는 업무를 염두에 두면서 그들의 기술과 의지에 맞추는 것이다.

예를 들어 어떤 사람이 주어진 업무를 완수할 수 있는 능력의 소유자이고 이 업무를 완수하기 위한 동기부여를 받고 있다면(즉 기술과 의지가 모두 높은 수준이라면) 적절한 관리 스타일은 위임(Delegate)이다.

그러나 요구되는 업무를 수행하기에 기술과 의지가 모두 낮은 사람이라면 적어도 초기에는 지시(Directive)에 치중하는 스타일이 필요하다. 기술은 높은데 의지가 낮은 사람인 경우에는 혹은 그 반대인 경우에는 각각 격려(Excite) 또는 지도(Guide) 스타일을 사용해야 한다. (이들 스타일의 설명에 대해서는 204페이지 부록 4를 참조하라.)

이는 이론적으로는 쉽게 들리지만 3가지 주요 과제가 있다. 첫째, 당신은 선입견에 사로잡혀 속단하거나 피코치자가 빈번히 자신은 모든 면에서 기술과 의지가 모두 높다고 가장하는 태도에 넘어가지 않으면서 피코치자의 기술과 의지를 정확히 진단해야 한다. 둘째, 피코치자의 기술과 의지가 개선됨에 따라 당신의 관리 또는 코칭 스타일을 극적으로 변화시켜야 한다. 셋째, 당신과 피코치자는 상황에 대한 동일한 진단과 피코치자의 기술 및 의지를 공유해야 한다.

알렉스는 이제 입사한 지 1년 정도 되는 톰에 대해 생각해보았다. 톰은 냉동식품 시장에서 회사의 다음 인수 상대를 물색하는 프로젝트를 담당하고 있었다. 알렉스는 그의 의지는 높은 상태라는 점을 잘 알고 있었다. 그는 이러한 역할을 명확히 인식하고 알렉스에게 그 업무를 원한다는 암시를 여러 번 주기도 했다.

반면 알렉스는 톰의 기술에 대해서는 그리 확신하지 못했다. 톰이 새 프로젝트에 필요할 수도 있는 창의성과 융통성을 가진 것은 분명했다. 하지만 알렉스는 톰이 전략 및 평가 분석에는 강하지 못하다고 생각했다.

그러나 성급한 결론을 내리기 전에 알렉스는 톰과 솔직한 대화를 나누어보기로 결심했다. 그는 유도형이 아닌 개방형 질문을 사용하고 비난조의 말투를 삼가려 유의했다. 이러한 대화를 통해 알렉스는 톰이 전에 다니던 회사에서 기업 평가를 몇 번 수행했었다는 사실을 알고 안도하긴 했지만, 자신의 애초 생각이 옳았다는 점을 확인했다.

'높은 의지, 그저 그만한 높은 기술.' 알렉스는 이렇게 생각했다. '나는 그에게 위임하고 웬만큼은 손을 뗄 수 있겠어. 하지만 전략 분야에서는 내가 약간의 지도를 해주도록 하는 것이 좋겠어.'

알렉스는 직접 보고를 받는 다른 네 사람에 대해서도 이와 비슷한 과정을 가졌다. 그 결과 한 사람에게는 지도, 두 사람에게는 위임, 그리고 나머지 한 사람에게는 지시라는 스타일을 결정할 수 있었다. 애초에 그는 비공식적이고 우회적인 방식의 대화를 가졌으나, 곧 자기 직원들을 만나 기술과 의지에 대해 솔직하게 터놓고 얘기하는 과정이 아주 편해졌다. 그는 모든 상황을 보다 나은 관점에서 인식하고 이제 다음달 혹은 그 이상을 내다보며 자기 시간의 우선순위를 결정할 수 있게 되어 안도감을 느끼기 시작했다. 그 이후로 그는 자신에게 더 많은 시간을 할애하기 위해 더 많은 위임을 할 수 있는지 검토해보았다.

적절한 코칭 스타일 선택

기술/의지 매트릭스

누군가에게 어떤 업무를 맡겼는데 제대로 수행되지 않는 경우가 비일비재하다. 왜 그럴까?

가장 타당한 이유들 중 하나는 그 업무를 완수하려 들지 않거나 완수할 수 없는 사람에게 위임한 다음 비교적 '간섭하지 않거나' 비관여적인 태도를 견지하기 때문이다. 아니면 약간의 지원만 받으면 업무를 완수할 수 있는 유능한 사람에게 너무 간섭적이거나 지시적인 태도를 취했을 수도 있는데, 이러한 경우에 결국 그 사람의 동기저하를 일으키고 만다.

그래서 '코칭'을 하든 혹은 그저 '관리'를 하든 간에 당신의 상호작용 스타일을 피코치자의 업무 준비 상태와 일치시키는 것이 중요하다.

이렇게 하려면 기술/의지 매트릭스를 이용한다.

- 우선, 다음 페이지에서와 같이 업무를 완수하기 위한 피코치자의 기술/의지를 진단한다.
- 다음, 매트릭스를 이용하여 적절한 상호작용 스타일을 확인한다. 예를 들어 피코치자의 기술/의지가 모두 높으면 '위임'을 사용하도록 한다.
- 마지막으로, 당신의 진단과 사용할 스타일을 피코치자와 합의한다.

몇 가지 관찰을 소개한다.

- '연설'이 아니라 '이사회에서의 프레젠테이션' 등과 같이 요구되는 특정 업무를 수행하기 위한 피코치자의 기술과 의지를 명확히 한다.

- 누군가와 장기간에 걸쳐 함께 일한다면 당신은 그 사람이 의지와 기술을 모두 향상시키도록 할 것이다. 그 사람이 이에 성공한다면 당신은 '위임'으로 향하는 과정에서 점차 적절한 스타일을 선택해야 할 것이다.

기술/의지 매트릭스 사용

1. 완수해야 할 특정 업무에 대해 피코치자의 기술과 의지가 높은지 혹은 낮은지를 진단한다.

    - **기술**은 경험, 훈련, 이해, 역할 인식에 달려 있다.
    - **의지**는 성취욕, 인센티브, 고용 보장, 자신감에 달려 있다.

2. 적절한 코칭/관리 스타일을 확인한다. 예를 들어 피코치자가 특정 업무에 대해 의지는 높지만 기술은 낮다면 '지도'를 사용한다.

기술/의지 매트릭스

	낮은 기술	높은 기술
높은 의지	**지도***	**위임***
낮은 의지	**지시***	**격려***

↻ **코칭의 목표**

* 각 접근법의 상세한 내용에 대해서는 부록 4(204페이지)를 참조한다.

3. 당신이 사용할 접근법을 피코치자와 합의한다.

당신에 대한 코칭 또는 관리가 제대로 이루어지지 못했을 때를 회상해본다. 당신의 관리자가 사용한 스타일이 당신의 기술과 의지에 적절한 것이었는가? 현재 다른 누군가를 관리하는 당신의 접근법을 되돌아본다. 상기 1~3단계가 어떤 변화를 제시하는가?

치과 의사 길비는 손 인형인 플러피워피를 사용해 신뢰를 얻고
자신감을 키웠다... 물론 그 손놀림이 통하지 않을 경우에는
언제나 망치가 있었기에...

꺼려하는 피코치자와 진정한 신뢰를 구축하라.

알렉스는 피코치자의 거리낌을 극복하는 법을 배운다

알렉스는 혼자 중얼거리며 복도를 따라 걸었다. 그는 기술/의지 매트릭스처럼 고급 코칭 스킬을 습득하기 시작했을 즈음 앵거스와 벌어지는 비생산적인 논의로 생기는 좌절을 참아내야 했다. 앵거스는 새로운 인수 대상 회사를 찾는 톰을 위해 일하는 분석가였다.

✦ ✦ ✦

앵거스를 비난하고 싶은 충동이 강했지만 알렉스는 보다 건설적인 태도를 취하기로 결심했다. 그는 GROW 모델(제6장 참조)을 적용해 셀프 코칭을 실시했다. '여기서 내 목표(goal)는 무엇이지?... 앵거스에게 필수적인 피드백을 전달할 수 있도록 그와의 대화를 풀어가는 방법을 찾는 거야. 그렇다면 현실(reality)은?' 알렉스는 앵거스와 만났던 때를 회상해보았다.

"앵거스, 좀 어떤가?" 알렉스가 앵거스의 사무실에 들어서며 인사했다.

"좋습니다." 그의 대답은 아무런 여운도 없이 딱 끊어지는 것만 같았다.

"톰은 휴가 갔는데, 그동안 내가 도와줄 일이라도 있을까?" 그가 아니라고 고개를 젓자 알렉스는 인내심을 갖고 꾹 참았다. "톰과 합의했던 모든 일이 잘되어간다고 정말 확신하나?"

"물론이죠."

톰은 앵거스가 자신의 능력을 과대평가하는 경향이 있고 도움을 요청하길 꺼려한다고 알렉스에게 알려준 바 있다. 그리고 앵거스의 이러한 태도는 계속 강점을 보여주어야 살아남을 수 있었던 이전 회사의 기업 문화 탓이라고도 설명했었다.

알렉스는 앵거스에게 기회를 주었다. "여기서는 도움을 청하는 것이 허용된다네, 알겠지." 앵거스는 고맙다며 도움이 필요하면 부탁하겠다고 약속하고 일을 계속했다. 알렉스는 그때의 만남을 회상하며 의구심이 생겼다. '당연히 사람들은 그를 대할 때 마음을 터놓을 수 있다고 하겠지. 그렇다면 그는?'

알렉스는 자신이 앵거스와 같은 입장이었을 때를 돌이켜보았다. 아직 신참이었던 시절 알렉스조차도 상사 및 동료와의 새로운 관계에서 자신이 원하는 것을 공개하길 꺼렸었던 것이다. 자신의 '고백'이 나중에 자신에게 불리하게 이용될지도 모른다고 생각했었다. 그 순간 알렉스는 앵거스와의 대화에서도 자신은 오직 좋은 코치라는 명성에만 의지했었다는 점을 깨달았다. 어쩌면 앵거스는 그를 신뢰하지 않았는지도 모르는데 말이다.

'그렇다면,' 알렉스는 셀프 코칭을 계속하며 이렇게 생각했다. '신뢰가 관건이라면 내게 대안(options)은 무엇이지? 음, (1) 그에게 그런 태도가 괜찮다고 얘기해준다, (2) 다른 누군가에게 그를 만나 내가 믿을 수 있는 사람이라고 말해달라고 부탁한다, (3) 그의 문제를 톰에게 맡겨둔다…' 하지만 이들 대안 중 어느 것도 효과적일 것 같지 않았다. '좋아,' 그는 곰곰이 생각했다. '나 자신은 누군가를 신뢰할 수 있는지를 어떻게 판단하는 걸까?'

생각들을 메모지에 적어보면서 그는 갑자기 언젠가 읽었던 단순한 아이디어를 떠올렸다. 이는 '감정 은행계좌(emotional bank account)'라는 측면에서 관계를 바라보는 것, 즉 두 사람 사이에 존재하는 호의의 차변(혹은 대변)이 얼마인지를 살펴보는 것이었다. 예를 들어 낯선 사람과의 관계에서는 호의의 저축이 없으므로 자연히 그 사람에게 뭔가를 해달라고 하기는 어려울 것이다. 그 사람과의 사이에는 꺼내 쓸 호의의 적립금이 없기 때문이다.

알렉스는 앵거스와의 사이에 존재하는 감정 은행계좌가 아마도 초과 인출 상태일 것이라는 점을 깨달았다. 알렉스는 최근 몇 차례 막판에 일을 시켜 팀원들이 초과 근무를 해야만 했다. 또한 그는 차로 3시간 떨어진 곳에 살고 계신 앵거스 아버지의 건강 상태가 심히 안 좋은데 주말에 일을 시켜 병문안을 어렵게 했다는 점도 떠올렸다. 아울러 그는 앵거스의 자신에 대한 열망에 관해 잘 모른다는 점도 깨달았다. 이제 알렉스에게 문제는 코치로서 스킬의 결핍에 있다기보다는 앵거스와의 진정한 관계 결여에 있다는 점이 분명해졌다. 자신의 대안을 검토해본 알렉스는 결론(wrap-up)을 내렸다. 그는 다음에 해야 할 일을 알게 됐다.

알렉스는 앵거스에 관한 작년 근무평가 보고서를 읽고는 그를 보다 잘 알게 됐다. 우선 앵거스가 다음 주말에는 틀림없이 집에 갈 수 있도록 조치해주었다. 그리고 앵거스를 설득하여 간단하게 한잔 하러 나갔다. 이 기회에 알렉스는 회사에 들어온 이후 자신의 경험담을 얘기해주었다. 그 역시 처음에는 새 상사를 신뢰하기 어려웠으며, 그러한 의혹을 씻어버리기가 얼마나 어려웠는지를 말해주었다. 그도 앵거스의 이전 회사 얘기를 경청했다. 앵거스는 현재의 직에 대한 두려움과 열망도 얘기했다.

알렉스는 시기가 적절하다는 생각이 들자, 앵거스에게 앞으로 기회가 생기면 어떤 식으로 피드백 또는 지도를 받고 싶은지 물어보았다. 그는 인사기록에 오르는 그런 피드백이 아니라 비공식적 현장 피드백이라는 점을 강조했다. 보다 개방적이고 신뢰하는 관계가 되자, 앵거스는 자신이 원하는 지원을 요청하기가 쉬웠다. 그는 심지어 알렉스와 톰에게 낯선 업무나 특히 위험이 높은 업무를 보다 면밀히 모니터링해달라고 요청하기까지 했다.

＋ ＋ ＋

알렉스는 모든 성공적인 코칭의 기반은 양측에 호의가 건실하게 비축된 개방적이고 신뢰하는 관계임이 틀림없다고 생각했다.

코칭 받기를 꺼려하는 태도의 해결

당신은 누군가 당신의 코칭에서 혜택을 볼 텐데 그러한 도움을 받길 꺼려하는 듯한 경우와 마주칠 수도 있다.

이러한 상황을 타개하려면 먼저 그 사람이 왜 당신을 거부하는지 진단해야 할 것이다. 그 사람은 누구에게도 어느 형태의 코칭도 받길 내켜하지 않을 수도 있다. 혹은 단지 그 당시에만 당신을 코치로 세우길 꺼려할 수도 있다.

적절한 주도권을 쥐려면 당신은 진단 수준을 최소한 한 단계 심화시켜야 할 것이다(다음 페이지 참조).

꺼려하는 태도의 해결

피코치자의 사고방식	코치의 대안
본래 코칭 받기를 꺼려함	
• 일반적으로 또는 특정 코칭 주제에 있어 개선의 여지를 인정하려 하지 않음.	• 피코치자의 장애를 진단한다. • 개선의 필요성에 대한 사실적 증거를 강조한다('밀기' 전략) 또는 … • 당신에게 코칭을 해주도록 피코치자에게 요청해 돌파한다('당기기' 전략).
• 조직에 대한 불신	• 신뢰를 구축한다.
• 시간의 부족	• 다음 코칭 세션을 합의한다.
당신에게서 코칭 받기를 꺼려함	
• 과거에 당신에게서 도움을 받지 못함.	• '화해'를 시도한다.*
• 그 사람과 당신 간의 주요 스타일 차이	• '스타일'의 차이를 터놓고 논의하되, 가능하다면 그 차이를 수용한다.*(제7장 참조)
• 조직에서 당신의 역할을 '매우 평가적'이라고 인식함.	• 당신의 역할을 분명히 한다. 예) 당신이 피코치자의 급여를 결정하는지의 여부 • 코칭은 '비평가적'임을 강조한다.*

* 혹은 기타 모든 노력이 실패하면 다른 코치를 제안한다.

연습

코칭을 가장 '꺼려하는' 피코치자를 찾는다. 그리고 상기 사항들을 이용해 계획을 세운다.

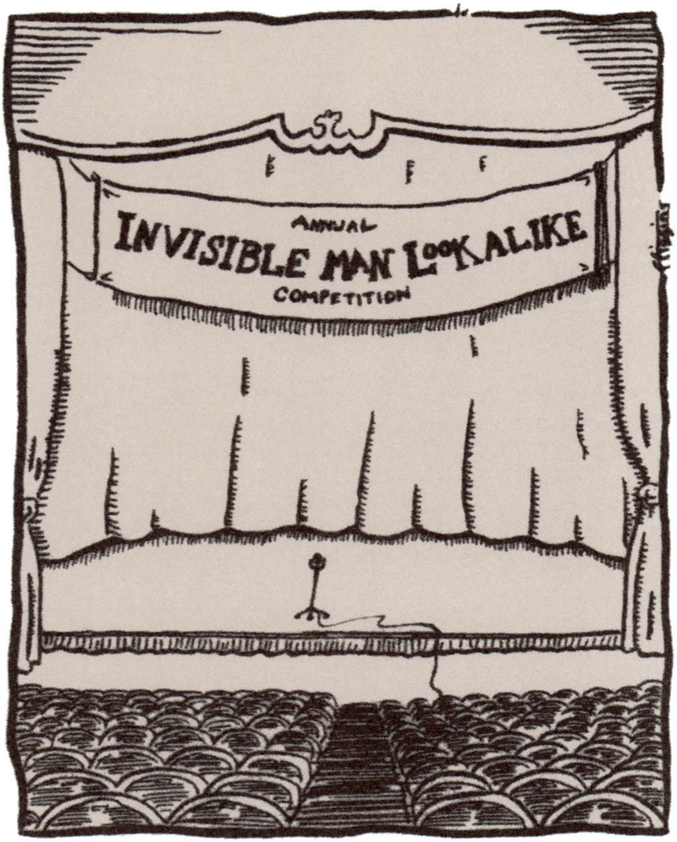

다른 사람들이 당신을 이해하지 못하면 당신은
그들에게 동기를 부여할 수 없다.

제12장 동기부여

알렉스는 자신이 좋은 동기부여자도 될 수 있음을 알게 된다

몇 주 후 알렉스는 입사 3년 반을 되돌아봤다. 그는 이 회사에 들어온 것을 잘한 일이라고 생각했다. 대우도 좋은 듯했고 승진 속도도 적당했다. 그리고 그는 인간 지향적 기업 문화에 감탄했는데, 이러한 문화가 업계 평균을 상회하는 회사 실적과 관련이 있다고 생각했다.

부장으로서 그는 다른 사람들에 대한 동기부여라는 주제에 관해 조금은 생각해보았었다. 이 주제를 다룬 책은 그리 많지 않았기에 그는 특히 동기부여에 뛰어난 다른 관리자들의 행동을 관찰하면서 배웠었다.

그는 18개월 전 자신의 부서로 배치된 메리에 대해 생각해보았다. 그는 그녀에 대한 연말 근무평가 작업을 준비 중이었지만, 우선 그간 배운 3가지의 동기부여 내용을 그녀에게 어떻게 적

용할 수 있을지가 궁금했다. 그 3가지는 이랬다: (1) 피코치자가 자신의 현재 동기부여 수준을 의식적으로 이해하도록 도와준다; (2) 피코치자가 자신이 업무를 얼마나 잘 수행할 수 있는지에 관해 진정으로 설득력 있는 비전을 형성하도록 도와준다; (3) 피코치자의 노력을 칭찬과 코칭을 통해 지원해준다.

✦ ✦ ✦

알렉스는 메리와의 미팅에서 처음 15분 동안 지금까지 그녀의 업무 수행을 검토해보았다. 그녀는 최근에 부여받은 업무들 중 많은 부분에서 '기술도 낮고 의지도 낮은' 상태였기에 검토가 쉽지 않았다. 그래서 알렉스는 미팅의 마지막 15분 동안에는 방향을 바꿔보기로 결정했다.

"메리, 내가 보기에 당신은 부정적인 사이클에 갇힌 것 같습니다. 당신은 자신의 능력에 대한 자신감이 결여된 채로 시작해요. 이러한 태도는 맡은 업무에 대해 멈칫거리게 하며, 그 결과 자신의 실제 잠재력을 충분히 발휘하지 못하지요. 따라서 자신이 기대하는 만큼 칭찬을 받지 못하는 겁니다. 이로 인해 다시 자신감은 더욱 결여되고." 알렉스는 그 사이클을 요약해주었다. "저, 알렉스," 그녀가 얘기했다. "부장님 말씀이 옳다고 생각해요. 전에는 이런 식으로 생각해본 적이 한 번도 없었는데, 모든 일이 온통 꼬여버린 것만 같다는 생각이 들었어요."

"당신이 어떻게 이 사이클을 벗어나 보다 긍정적인 사이클로 들어갈 수 있는지에 대해 얘기해봅시다. 당신이 정말로 잘하는 것을 생각해봅시다. 어떤 것들이 생각납니까?"

그들은 몇 가지 대안을 논의했고 메리의 주요 업무 활동과 큰 관련이 없는 듯한 것들은 제외했다. 결국 그들은 메리가 회사 전체에서 프레젠테이션에 있어 최고의 인물이 될 수도 있다는 결론을 내렸다. 알렉스는 목표가 커졌지만 성취할 수 있다고 생각했다. 메리는 약간 수줍어하는 성격이지만, 지방 아마추어 극단의 주연이기도 했던 것이다.

"자, 어떻게 그 목표에 도달할 수 있을까요?" 알렉스가 물었다. 메리는 조금 전의 논의로 인해 활기차 있었으나, 지금은 숨이 막혀 창백해졌다. 알렉스는 입술을 깨물었고 뛰어들어 구조해주고 싶은 충동을 억눌렀다. 마침내 메리는 부서의 크리스마스 파티에서 경품 추첨의 시행으로부터 신입 사원 오리엔테이션의 진행에 이르기까지 놀랍도록 풍부한 아이디어를 쏟아냈다.

"그러면 당신은 어떤 도움이 필요하다고 생각합니까?" 알렉스가 물었다.

"그런 일들은 제 스스로 처리할 수 있다고 생각해요." 활기를 되찾은 메리가 대답했다. 그녀의 아이디어는 보다 효과적인 프레젠테이션을 위해 하루 일정의 교육을 받는 것에서 TV에 출연하는 유명 인사들의 프레젠테이션 테크닉을 메모해두는 것까지 다양했다. "부탁드리는 것은 제가 프레젠테이션 하는 것을 볼 때마다 피드백을 해달라는 것뿐예요."

◆ ◆ ◆

"내가 없는 동안 도대체 메리에게 어떻게 한 거예요?" 오랫동안 잊고 있던 사라가 알렉스의 사무실로 들어서며 물었다.

사라는 회사의 홍콩 지사에서 막 돌아왔다. 그녀는 전에 메리와 함께 일했었다. 그러나 알렉스와의 연례 근무평가 회합을 가진 지 몇 주가 지난 지금 메리는 딴 사람인 것처럼 보인다.

메리가 프레젠테이션에서 상당한 진전을 이루고 있음이 입증됐다. 그러나 보다 중요한 것은 이 분야에서 그녀의 자신감 증대가 벌써 업무의 다른 분야들로 파급되고 있었다는 점이다. 그녀는 정말로 한층 더 동기부여를 받았다. 알렉스는 근무평가 회합 때 투자한 시간이 아깝지 않았다고 생각하기 시작했다. 그리고 그는 메리에게 회사의 표준 근무평가 양식을 적용하는 것에만 얽매이지 않았던 점을 다행이라고 생각했다.

"아참, 홍콩에서는 어땠습니까?" 알렉스가 물었다. "당신에게 몇 번 전화를 했으나, 그때마다 동남아 어딘가로 출장을 떠났다는 대답만 들었습니다."

"얘기하자면 길어요." 사라가 말했다. "하지만 문화가 완전히 다른 환경에서의 관리에 대해 정말로 많이 배웠어요."

동기부여

동기부여의 기본 원칙

1. 피코치자가 다음 페이지의 동기부여 또는 동기저하 사이클의 **어디에 위치하는지를 파악한다.**

2a. 그 사람이 위 사이클의 꼭대기 부분에 있다면 **자신감을 키워준다.** 이것이 당신이 직접 영향을 미칠 수 있는 유일한 조치이기 때문이다. 이를 다음과 같이 한다.

   - 그가 특정 업무의 완수나 특정 역할의 수행을 얼마나 잘할 수 있는지 비전을 발전시키도록 도와준다.

   - 그의 주요 활동에 중요하지 않은 분야에서의 업무 개선일지라도 대개 그의 '핵심' 활동에 매우 긍정적인 파급 효과가 있다는 점을 인식시킨다.

2b. 그 사람이 아래 사이클에 있다면 **칭찬을 해준다.**

3. **그가 지원 및/혹은 훈련을 필요로 하는지 확인한다.** 비록 이를 피코치자 자신 또는 제3자가 제공한다고 해도 말이다.

4. **피코치자에게 가장 큰 동기부여를 해주는 요인들을 파악한다.** 동기부여 요인들은 사람마다 다르다(206페이지 부록 5 참조).

사이클

동기저하의 부정적인 사이클

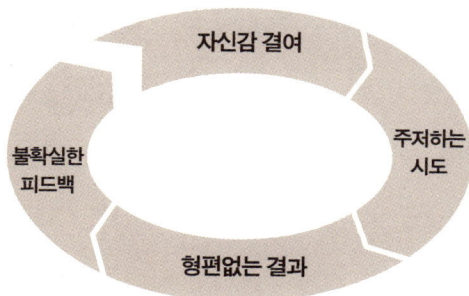

동기부여의 긍정적인 사이클

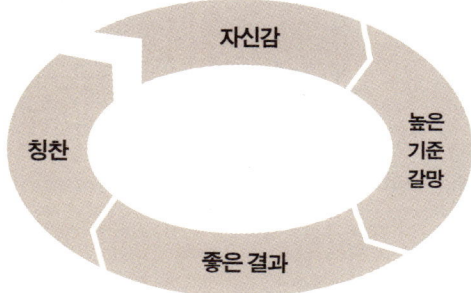

연습

- 함께 일하는 사람 4명을 선택해 그들이 어느 사이클에 있는지와 당신이 그들의 개선을 도와줄 수 있는지 확인한다.
- 당신의 팀원들에게 부록 5(206페이지)를 작성하도록 해서 결과를 비교한다. 응답자들 사이에 결과가 놀라울 정도로 다를 것이다.

라스의 이전 직장에서는 금요일 오후의 '우편배달부 경주'가
인기 있는 여흥이었지만, 프림리 앤드 부스 사무실에서는
새로운 기업 문화를 꽤나 배워야만 하니...

문화 차이에 적응하려면 시간이 필요하다.

제13장 문화 차이의 인식

알렉스는 문화 차이가 코칭에 어떤 영향을 미치는지 알게 된다

알렉스는 파리를 경유해 최종 목적지인 체코의 모라비아 (Moravia)로 향하는 MA245 기에 탑승했다. 콘스 앤드 텁스를 회사에 통합시키는 프로젝트인 제네시스는 이제 완료되었다. 그러나 회사는 막 또 하나의 추가 인수를 통해 동유럽에서 최대 규모의 아이스크림 제조사가 되었다.

다음날 오전 그는 새 모라비아 지사의 이사회 회의실에서 현지 경영 팀과의 첫 전체 회의를 준비했다. 알렉스는 이 회의가 중요하다는 점과 런던 본사에서 이처럼 멀리 떨어진 지사를 관리하기가 쉽지 않으리라는 점을 잘 알고 있었다. 그러기에 그는 가능한 빨리 이곳에 본사에 대한 신뢰성을 구축할 기회를 만들어야 했다.

그래서 그는 전날 저녁에 현지 전략 담당 이사 잰과 임원 회의

의 운영방식을 합의하고자 저녁식사를 하기로 했다. 그 자리에서 잰은 '합병'의 효과에 관한 합의된 프레젠테이션을 시작으로 해서, 그 다음에는 자유 토론 시간을 갖고, 마지막으로 공장 시찰을 하기로 일정을 잡았다. 알렉스는 잰을 전에 단 한 번 만난 적이 있었는데, 그때 그에게서 너무 밀어붙인다는 인상을 받았었다. 그래서 알렉스는 몇 분의 시간을 내서 그의 스타일을 '누그러뜨리는' 방법에 관해 코칭을 해주었다.

✦ ✦ ✦

잰이 모인 임원들 앞에서 프레젠테이션을 하는 동안 알렉스는 움찔했다. '오, 이건 아냐,' 그는 이렇게 생각했다. '이건 재앙이야!'

그는 모라비아 사람들은 흔히 사정을 봐주지 않고 비평한다는 점은 알고 있었다. 그들은 아주 기탄없이 대화한다. 그렇지만 잰은 너무 지나쳤다. 전날 밤 가졌던 코칭 회합은 아무런 효과도 없는 것일까?

왜 잰은 우리들이 논의했던 부드러운 접근법을 이용하지 않는 것일까? 그리고 지사장의 체면을 세워주는 조치로서 우리가 합의했던 코멘트는 어떻게 된 것일까?

잰이 강도를 높여가자 알렉스는 중재 방법을 찾아보았지만 헛수고였다. 그는 이마에 진땀이 맺혔다. '최소한,' 그는 생각했다. '이 회의가 끝나자마자 잰에게 전달할 내 피드백이 얼마나 솔직할지는 알겠어!'

아마도 압박 때문이었을까, 간밤에 마셨던 모라비아의 술 때문이었을까, 아니면 시차 때문이었을까, 알렉스는 순간적으로 현실과 멀어지는 것만 같았다.

그 다음 그가 의식한 것은 모두 일어나 기립 박수를 쳤다는 것이다. 잰은 모라비아 사람들의 환심을 사서 자기편으로 끌어들이고 말았다.

◆ ◆ ◆

그날 늦게 알렉스는 자신이 일을 다른 식으로는 어떻게 처리했을 수도 있을까 되새겨보았다. 결국에는 일이 제대로 처리되긴 했지만, 알렉스는 다음에 확연히 다른 문화권 출신의 사람에게 코칭을 할 때에는 좀 더 신중해야겠다고 결론지었다. 사전에 코치와 피코치자 사이에 존재하는 가장 중요한 문화 차이 그리고 코칭 배경에 대해 생각해보기로 했다.

알렉스는 저녁식사 때 잰의 얘기에 좀 더 귀를 기울였어야 했다는 점을 깨달았다. 아마도 그에게 스타일을 부드럽게 하는 방법에 관해 코칭을 해주기보다는 다음 회의와 관련해 문화적 사안을 터놓고 논의하면서 말이다. 알렉스는 다시 잰에게 코칭을 해줘야 한다면 아마도 자신이 잰의 문화적 배경에 맞게 훨씬 더 솔직한 조언을 해줄 것이라고 생각했다.

더욱이 알렉스처럼 잰은 계층적 구조가 강하지 않은 환경에서 일하는 데 익숙했다. 그러나 알렉스는 잰이 보다 계층적인 환경에 익숙하고 자신의 '상사'를 보다 존경했더라도 그가 브레인스토밍에서 나온 아이디어를 직접 명령으로 해석하지는 않았을 것이라고 생각했다.

마찬가지로 문화권에 따라 '팀워크'의 의미와 중요성은 현저히 또는 미묘하게 달라질 수 있어 팀을 구축하려는 관리자에게 시사하는 바가 크다는 점을 깨달았다.

알렉스는 고국으로 향하는 보잉 727 기에 탑승했다. 그는 파리에 들러 주말을 보내기로 한 결정은 잘한 일이라고 생각했다. 특히 사라도 그곳에 오리라는 걸 알고 더더욱 기뻤다. 그녀가 들려주는 홍콩에서의 경험담을 공유하고 익숙하지 않은 문화권에서 효과적인 관리자가 되는 법을 비교해보고 싶었다.

문화 차이

문화가 다른 누군가에게 코칭을 할 때 그 사람은 당연히 당신에게 낯선 행동 또는 반응을 보일 것이다.

- 문화 차이는 국가, 인종 또는 종교적 기반이 다른 경우에만 나타나는 것은 아니다. 예를 들어 조직에 갓 들어온 사람들도 예전 회사의 문화에 그대로 젖어 있을 수 있다.
- 이러한 차이는 업무 수행의 인식에서 차이와 피드백의 필요성(그리고 이의 수용)에서 차이를 가져올 수 있다.
- 다국적 팀, 즉 문화권이 다른 사람들과 일할 때 당신은 자신에게 그리고 이상적으로는 그들에게 문화 차이가 암시하는 의미에 대해 솔직해야 한다.
- 무엇보다도 관리 스타일, 마감시한 준수, 중간 점검의 빈도, 창의성의 필요와 같은 측면에서 공통의 기대감을 형성하는 데 집중한다.

더 자세한 내용은 기어트 홉스테드(Geert Hofstede) 저 『문화와 조직(Cultures and Organisations)』을 참조하라.

문화의 네 가지 차원

문화(국가 및 조직 문화 모두)는 많은 차원에서 다르다. 가장 중요한 차원들 가운데 4가지는 다음과 같다.

차원	코치에게 함축하는 의미
• 솔직 (요점으로 바로 들어감 대 메시지를 암시함)	피드백의 스타일을 적절히 맞춘다.
• 계층 (명령을 따름 대 토론에 참여함)	코칭 관계를 조직의 보고 관계에 맞춰 면밀히 조율한다.
• 합의 (이의를 받아들임 대 만장일치가 필요함)	다양한 질문/지시 스타일들 중에서 선택한다. (30~31페이지 참조)
• 개인주의 (개인적 성공 대 팀의 효과성)	코칭의 초점에 관해 생각해본다. 예를 들어 팀워크에 집중할 것인지 아닌지를 결정한다.

연습

최근 문화권이 다른 누군가와 함께 일하는 데 곤란을 겪었던 때를 회상해본다. 무엇이 잘못되었는가? 그 이유는 무엇인가? 그 문제를 피했을 수도 있는가? 그런 조치를 취했을 만한 가치는 있는가?

피터슨 박사와 포브스 교수가 칠판을 먼저 사용하기 위해 한바탕
싸움을 벌이는 동안, UN 평화사절단의 나머지 대원들은 누가
이길지 내기를 걸기 시작하는데...

팀을 잘 구축하는 방법을 알아라.

제14장 팀 구축

알렉스는 자신이 인정받는 팀장이 되었음을 알게 된다

알렉스가 사라의 승진을 축하하는 파티 장에 들어섰을 때 그곳은 이미 만원이었다. 사라는 인기도 높았고 관리자로서 폭넓은 존경도 받는 인물이었기에 참석자가 많았다.

잔을 든 알렉스는 혼잡스러운 바를 겨우 빠져나와 조용한 장소를 찾았는데, 근처에 모여 있는 몇 사람의 얘기 소리가 들렸다. 그 중 한 사람은 회사의 3개년 계획을 수립하는 알렉스의 테스크포스에 최근 합류한 톰이었고 나머지는 톰에게 질문을 하는 것 같았다. 알렉스는 대형 화분 뒤 은밀한 곳에서 그들의 얘기에 귀를 기울여보았다.

◆ ◆ ◆

"알렉스라는 사람과 일하는 것 어때?" 누군가가 물었다. "그 사람은 상당히 가혹한 스케줄을 작성한다던데. 그리고 그 사람은 진짜 식인종이라는 소문이 돌았었는데."

"그건 옛날 얘기라고 생각해." 톰이 대답했다. "우리는 그가 주도하는 기획 테스크포스의 출범 미팅을 막 가졌지. 내 생각으로 그는 머리가 상당히 좋고 사람들과 잘 지내는 것 같아."

"무슨 얘기야?"

"그는 그 미팅을 참 잘 준비했지. 이번 테스크포스에는 5명이 있는데, 그가 작성한 작업계획서를 며칠 전에 미리 우리 각자에게 보내주기도 했다니까."

"그게 뭐 대단한 일이야?" 또 다른 사람이 물었다.

"내 말은 그가 이번 계획에 관한 우리들의 의견을 환영한다는 거야." 톰이 계속 얘기했다. "그는 우리들 각자에 관해 어느 정도 조사도 해둔 것이 분명해. 심지어 다른 부서에서 파견 근무를 온 사람들에 관해서까지 말이야. 왜냐하면 우리들 각자가 어느 분야에서 최고의 의견을 내놓을지 알고 있었던 거야."

"어떻든 우리가 미팅을 위해 한자리에 모였을 때 그는 이번 작업이 얼마나 중요한지에 대해 정말로 설득력 있는 연설을 하더군. 그리고 동지 의식을 쌓기 위해 진심으로 노력했고."

"그런 다음 그는 자신의 상사가 건네준 작년 근무평가 보고서를 돌리더군. 좋은 점만이 아니라 그가 개선시켜야 할 점까지 쓰여 있었지."

"도대체 그가 그러는 이유가 뭐였지?" 다른 누군가가 물었다.

"글쎄, 그 이유를 자세히 설명해주지는 않더라고. 하지만 그 효과는 아주 강력했지. 그 때문에 그가 우리들 각자에게 이 프로젝트로부터 개인적으로 얻고 싶은 것을 물어보았을 때 우리는 가슴을 활짝 열고 대답할 수 있었거든. 그리고 그가 이번 테스크포스는 서로에게 많은 피드백을 제공하고 필요할 경우에 서로를 돕는 팀이 되리라고 얘기했을 때 우리는 그를 진정으로 믿을 수도 있었고."

"우리는 심지어 5분간 시간을 내서 그 프로젝트에서 가장 바쁠 것 같은 부분을 찾아보기도 했어. 불가피하게 초래될 초과 근무가 우리들의 사생활을 크게 방해하지 않도록 미리 점검해둔 거지."

"그리고 우리는 각자의 책임과 역할에 관해서도 얘기했어. 그런데 말이지 그는 우리들 얘기를 진지하게 들어주더라고. 그 결과 우리는 작성된 작업계획 초안을 상당히 수정했지. 미팅이 끝났을 때 우리는 모두 우리가 하기로 되어 있는 작업을 거의 파악했고, 이는 진정한 팀 활동이 되리라고도 생각했지. 우리는 팀워크가 계획대로 가동되는지 확인하기 위해 3주 후 팀 근무평가(208페이지 부록 6 참조) 회합을 열기로도 합의했지."

"경영학 박사 학위가 있어야 그런 일을 할 수 있는 것은 아니잖아." 보다 시니컬한 어떤 사람이 한마디 했다.

"그거야 그렇지," 톰이 대답했다. "그렇지만 네가 이런 식의 팀 미팅을 가져본 적이 있었다면 말해봐. 그리고 자신의 연례 근무평가서를 우리에게도 보여준 데에는 그의 입장에서 어느 정도 상당한 용기가 필요했을 것이고. 바로 그 점이 우리에게 영향을 미쳤던 거야.”

✦ ✦ ✦

그곳을 살금살금 빠져나와 사라를 찾아가면서 알렉스는 만족에 겨워 우러나오는 미소를 억누를 수 없었다. ‘저런 대화가 실상을 가장 정확하게 파악할 수 있는 ‘복도 대화’라는 거구만…’ 그는 이렇게 생각했다. ‘그리고 위대한 팀 리더가 되기 위해 반드시 경영학 박사일 필요는 없다는 점은 사실이지.’

또한 그는 팀을 구축하고 관리할 때 자신의 일 대 일 코칭 스킬이 얼마나 소중했었는지에 대해서도 생각했다.

팀 배경에서의 코칭

일부 팀들은 열심히 일하고 즐거움을 누리며 임무를 완수한다. 반면 어떤 팀들은 모든 팀원이 평소보다 2배는 더 열심히 일하는데도 힘들기만 하고 비효과적이다. 그 이유는 무엇일까?

존 카첸바흐(Jon Katzenbach)와 더글러스 스미스(Douglas Smith)는 그들의 공저 『팀의 지혜(The Wisdom of Teams)』에서 훌륭한 팀워크를 위한 6가지 기본적인 요구사항을 다음과 같이 밝혔다. 이들 각각을 다루는 것은 이 책의 범주를 넘어서는 일이지만, 코칭과 가장 관련이 깊은 '잘 정의된 작업 접근법(well defined working approach)'을 검토해보자.

접근법을 정의한다

잘 정의된 작업 접근법은 효과적인 팀워크에 매우 중요하고 긍정적인 코칭 환경에 필수적이다.
중요한 특성으로는 다음과 같은 것들이 있다.

1. 리더는 기본 규칙과 '팀 선언문'을 합의하기 위해 첫 2주 이내에 반나절이 소요되는 미팅을 가진다. 예를 들어 합의할 사항은 다음과 같다.
   • 개인별 목표
   • 근무시간과 '위기'가 될 수 있는 시기

2. 개인들은 각자의 기술 향상 필요성을 공개적으로 조기에 논의한다.
   • 최근 각 개인의 근무평가를 팀과 공유함으로써 사례를 설정한다.
   • 피드백에 대한 명확한 기대를 설정한다.

3. 팀원 전체가 작업계획서의 작성에 참여한다.

4. 모든 팀원이 지속적인 피드백을 주고받는 데 그리고 필요한 경우에 '양심선언을 하는' 데 편안함을 느껴야 한다.

5. 팀은 매 6주마다, 필요하다면 그보다 자주, 혹은 주요 진전을 이룬 후(예로 보고서를 발표한 다음 등) 작업 상황을 검토한다.

연습
당신의 현재 프로젝트에서 상기 5가지 사항을 점검해보고 필요하다면 교정 조치를 제시하거나 취한다.

재구성한 질문의 힘을 활용하라.

제15장 질문의 힘 활용하기

알렉스는 다시금 질문이 제안보다 더 강력할 수 있다는 점을 알게 된다

알렉스의 핸드폰에 문자 메시지가 왔다. '차 한 잔 할 시간 있어? 들어볼 말이 있어! 콜린.'

콜린은 알렉스의 동료들 중 하나였고 현재 회사의 영국 내 패스트푸드 사업을 운영하고 있다. 그들은 인수 작업을 함께 하면서 만났고 지난 몇 년 동안 친한 친구 사이로 지냈다.

다음 토요일 스타벅스에서 만나 커피 한 잔 하면서 콜린은 회사에서 새로 설립한 미국 지사를 운영하는 역할을 제의받았다고 알렉스에게 밝혔다.

✦ ✦ ✦

"알다시피," 콜린이 말했다. "나는 현재의 역할에 대단히 만족하고 있어. 마침내 사업을 성장 궤도에 올려놓았고 정말로 막강한 팀을 만들기도 했지. 그런 상태에서 떠난다면 미친 짓 같아 보일 거야."

"그래서... ?" 알렉스가 말했다.

"내가 이 사업부에 몸담은 지가 아주 오래되었잖아. 어쩌면 변화가 필요한 시점이 아닐까?"

"현재의 역할에 꽤 만족한다면서," 알렉스가 카푸치노에 초콜릿을 넣고 저으면서 대답했다. "굳이 옮길 필요가 있나? 내가 너라면 그런 모험은 안 할 텐데."

콜린은 놀라워하는 모습이었다. "그런 말은 하기야 쉽지!" 그가 말했다. "너는 꽤 다양한 경력을 쌓아왔잖아. 하지만 난 한 회사에 입사한 이래 줄곧 이 한 사업부에서만 일해 왔어. 난 변화가 필요해.”

“알겠어... 옮기는 경우의 장점과 단점을 적어보는 것은 어때?”
“거 참 훌륭한 아이디어구먼, 알렉스. 하지만 장담하건대 난 장점과 단점을 전부 살펴봤어.”

“그러면 위험 대비 수익은?”

“물론 그것도 살펴봤지.”

알렉스는 자신이 실제로 도움이 되지 않을 것 같다는 느낌이 들었다. “음... 그럼 어떻게 널 도와줄 수 있을까?” 그가 물었다. 그는 주저하며 GROW 모델을 이용해야 할지, 아니면 그건 지나친 처사로 여겨지지 않을지를 궁금해 했다. “너는 네가 결정을 내리는 데 필요한 정보를 모두 가지고 있는 것 같아. 게다가 네 능력껏 그러한 정보를 전부 분석한 것 같기도 하고. 캐롤과 논의해봤어?”

“물론,” 콜린이 이제 약간 격한 심정으로 대답했다. “그녀는 내가 어떤 방향으로 결정을 내려도 괜찮겠다고 말하더군."

전략적 사고 분야의 석사 학위 보유자이고 예리한 지성의 소유자이자 노련한 관리자인 알렉스는 콜린에게 도움이 될 아이디어를 더 이상 생각해낼 수 없었다.

콜린이 처한 곤경은 물론 흔히 접하는 상황이었다. 그는 두 가지 대안 사이에서 선택하려 하지만 딜레마에 빠져 옴짝달싹 못하는 상태였다. 그는 면담과 조사를 통해 방대한 양의 정보를 축적했고 그러한 정보를 모두 성실히 분석했다. 그러나 그가 장점과 단점을 더 많이 고려할수록 자신의 의문에 더욱 얽혀들었다. 그가 그 의문에 대해 새로운 사고방식을 찾으려 할수록 다시 낡은 사고방식으로 끌려갔다. 그게 중요한 결정이라는 사실이 상황을 악화시켰는데, 그는 불안한 마음에 사안의 어느 측면도 간과하지 않도록 특히 주의를 기울였기 때문이다. 그는 신뢰하는 사람들로부터 조언을 구했지만 여전히 답을 찾지 못했다. 그는 완전히 새로운 방식으로 문제를 바라볼 필요가 있었다.

"자," 알렉스가 조심스럽게 말했다. "잠시 네가 그 새 역할을 맡았다고 가정해보고... 그럼 말해봐. 왜 네가 그걸 맡았지?"

콜린은 언뜻 당황한 모습이었지만 이내 예상치 못한 질문에 미소를 짓기 시작하며 말했다. "알렉스, 네게는 늘 비장의 한 수가 있었지! 그런 시각에서 문제를 생각해본 적은 없거든."

"그럼 이어서 이유를 말해봐."

콜린은 잠시 생각하고는 자신이 마음속에서 그려본 결정을 분명히 표현하기 시작했다. "음, 나의 현재 역할에 머무는 방안에 대해 생각해봤지. 왜냐하면 운영이 잘되어가고, 훌륭한 팀을 구축했고, 집에서 통근 거리도 짧고, 내 상사도 좋고..."

알렉스가 끼어들었다. "너는 다시 장점과 단점을 살펴보려 하는 것 같은데, 그것도 교묘히! 그저 네가 정말로 왜 새 역할을 맡았는지 말해봐."

콜린은 다시 말하기 시작했으나, 그저 '다른 뭔가를 하는 것'이란 모호한 개념에 기초한 자신의 대답에 흥이 날 수가 없었다.

그는 곧 자신의 가족을 미국으로 데려가는 것을 정말로 원치 않는다는 점과 다양성이 큰 역할로 옮기는 협상을 하기 위해 회사 내에서 자신의 강한 입지를 이용하려 한다는 점을 깨달았다.

✦ ✦ ✦

알렉스는 어떤 주어진 사안을 얼마나 많은 시각에서 다룰 수 있는지 그리고 간단한 질문이 어떻게 해답을 밝혀주는 것으로 관점을 전환시킬 수 있는지를 깨달았다.

질문의 힘

코치들은 때로 피코치자에게 제안을 내놓고 관리자들은 종종 지시를 내린다. 그러나 제1장에서 보았듯이 가장 강력한 코칭은 비지시적이다. 즉 그러한 코칭의 기본은 훌륭한 질문을 던지는 것이며, 특히 곤경의 매듭을 풀 수 없어 대신 잘라야 하는 경우에 그렇다.

비지시적 접근법을 비난하는 사람들은 그러한 접근법이 너무 쉽다거나 비지시적인 코치는 어떤 점에서 게으르다고 잘못 생각할 수도 있다. 그러나 비지시적 접근법의 힘은 신경과학의 연구 결과들에 의해 확인된다.

- 코칭은 피코치자가 지금까지의 습관적인 방식과는 다른 방식을 요구하는 뭔가를 함으로써 혹은 새로운 시각을 요하는 뭔가를 함으로써 업무 수행을 개선하려 할 경우에 대개 활용된다.

- 그러나 뭔가를 새로운 방식으로 해야 하는 상황(선의로 생각되는 제안에 의해 하는 일이라도)에 직면할 때 뇌는 부정적으로 반응한다. 구체적으로 전대상피질(anterior cingulate cortex)이란 부위가 뇌의 기존 도식과 대비되는 갈등을 인식하기 시작하며, 편도체가 저항하라는 경보를 발한다.

- 훌륭한 질문을 던지면 피코치자의 경보 시스템을 어느 정도 우회할 수 있어 피코치자의 뇌가 방어보다는 탐구의 과정에 관여하게 된다.

다음 페이지에서는 피코치자가 사안을 새롭고 생산적인 시각에서 탐구하도록 도와주는 일련의 질문 방법을 코치에게 소개한다. 비지시적 질문의 극단적이고 유용한 스킬에 대해서는 웬디 설리번(Wendy Sullivan)과 주디 리즈(Judy Rees) 공저 『클린 랭기지(Clean Language)』를 참조하라.

새로운 관점에서 재구성한 질문

관점: ⋯부터	코칭 질문의 예
멀리서	이것이 해결해야 할 적절한 사안인가?
위에서(초자아)	당신은 이를 당신의 결정에 의해 강한 영향을 받는 사람에게 어떻게 설명할 것인가?
왼쪽에서(논리)	당신의 머리가 무엇이라 말해주는가?
오른쪽에서(감정)	당신의 마음이 무엇이라 말해주는가?
뒤에서(과거)	어느 경로가 그간 당신의 삶/가치관/성공의 방식과 가장 일치하는가?
앞에서(미래)	이것이 당신이 있고자 하는 곳에 대해 그려보는 모습과 어떻게 맞는가?
아래에서(두려움)	당신은 두려움 속에 일하나; 이래도 되는가?
(상상 속에서) 회고적으로	당신이 이미 그 행동 경로를 선택했다고 상상하라. 이제 당신이 왜 그렇게 선택했는지를 말해주겠어?
다른 누군가의 관점에서	그/그녀/당신의 동지·적/당신의 아버지·어머니 등이 어떻게 반응할 것인가? (혹은 그들이 당신에게 어떻게 반응하길 바라는가?)

연습

다음에 당신 또는 피코치자가 마주치는 사안에 대해 그 사안을 생산적인 새 시각에서 재구성하려 하는 질문을 던져본다.

직감으로 완전 무장했을 뿐 햇불도 들지 않은
테드가 밀고 나간다.

코치는 '직감'만이 아니라 관찰 가능한
사실에 입각한다.

제16장 코칭 시 주의사항

알렉스는 대중 심리학에 너무 깊숙이 빠진다

알렉스는 입사 4년을 기념하는 긴 휴가를 마치고 검게 그을린 모습에 행복감이 충만한 채 막 돌아왔다. 특히 그의 새 여자 친구와 휴가 동안 잘 지냈기 때문이기도 했다.

그는 여비서의 도움을 받아 밀려 있는 서류의 정리를 마쳤다. 그리고 여비서가 나가려 할 때 회사에서 떠도는 최신 루머, 스캔들 혹은 가십을 얘기해달라고 부탁했다.

"특별히 보고드릴 만한 사항은 없어요." 그녀가 얘기를 시작했다. "상당히 조용한 편이었거든요. 제가 들은 얘기는 팀(Tim)과 메리가 틀어졌다는 게 전부예요."

메리는 알렉스에게 가장 유능한 관리자들 중 하나였다. 그녀는 회사의 연구개발 절차를 개편하는 테스크포스에서 마케팅부 팀과 많은 시간을 함께 일하고 있었다. 비록 일은 잘 진전됐지만, 알렉스는 둘 사이에 모종의 마찰이 있었음을 감지했다.

'코칭이 필요한 때이군.' 알렉스는 이렇게 생각하며 지난 몇 년에 걸쳐 매우 성공적으로 이용했던 GROW 모델을 떠올렸다.

그는 메리와 만나 팀워크를 대화 주제로 하는 것이 좋겠다고 합의했다.

"팀과는 어떻게 지냅니까?" 알렉스가 물었다.

"그리 좋지는 않은 편이에요." 메리가 대답했다. "우리는 서로 코드가 맞지 않는 사람들인 것 같아요."

메리는 잠시 생각해본 다음 다시 얘기했다. "사실 우리 둘만 있을 때에는 문제가 없어요. 마찰은 다른 사람들이 사무실에 있을 때 생기는 것 같아요."

알렉스는 정황을 파악하였다고 확신했다. 그는 최근에 열린 회사의 연례 소프트볼 대회에서 메리가 매우 경쟁적이었다는 점을 눈치 챘다. 메리의 팀에 대한 문제를 보니 그녀가 주변에 한 사람 이상이 있으면 자기주장을 할 필요를 느낀다고 생각하는 알렉스의 가정이 딱 맞았다.

"당신은 팀과의 미팅 때이면 가끔 자신을 증명할 필요를 느낍니까?" 그가 묻자 메리는 곰곰이 생각했다.

"특히 다른 사람들이 함께 있을 때 말입니다." 알렉스가 계속 말했다. 그는 자신이 모험을 하고 있다는 점을 알고 있었으나, 자신이 올바로 짚었다는 직감이 강했다.

"저, 어... 아니, 꼭 그렇지는 않아요." 메리가 말했다.

"그리고 혹시 여자보다는 남자와 더 경쟁심을 느낍니까?"

"그렇지는 않다고 생각해요." 메리가 말하며 이제는 방어적인 태도를 취하기 시작했다.

"때로 이러한 일들은 어린 시절로 돌아가지요." 알렉스가 계속 얘기했다. "아마도 어렸을 때 오빠에게 경쟁심을 느꼈다든지 말입니다."

이제 메리도 돌아가는 상황을 정말로 궁금해 하기 시작했다. 초조하게 실내를 훑어보던 그녀는 손때 묻은 프로이트의 저서 몇 권이 서가에 꽂혀 있는 것을 알아챘다.

"사실," 메리가 공손하게 대답했다. "저는 늘 가족들과 사이가 매우 좋은 편이었어요."

알렉스는 다음 몇 분 동안 이 점을 계속 추궁해보았지만 그를 찾는 국제 전화가 걸려와 미팅은 중단됐다. 메리는 아마추어 심리학자의 의자에서 탈출할 절호의 기회를 잡았다.

◆ ◆ ◆

며칠 후 메리는 팀과의 문제를 해결했다. 알렉스는 이러한 변화를 감지하고서 다시 메리와 대화를 가졌는데, 그들의 문제가 순전히 몇 가지 특정 오해에서 비롯되었음을 알고 놀라워했다. 그런 다음 자신의 비효과적인 코칭을 되새겨보았고 자신이 잘못 짚었었다는 점을 깨달았다.

어쩌면 코칭에서 심리를 너무 깊이 파고든 것이 부적절했을지도 모른다. '선무당이 사람 잡는다더니...' 그는 이렇게 후회했다. 그는 다음번에는 좀 더 신중히 듣고 상황의 사실에 집중해 그것들을 있는 그대로 받아들이리라 다짐했다.

그러나 알렉스에게는 또 다른 문제가 있었다. 그는 다음날 그 문제를 발견하고는 몇 달 동안이나 해결에 고심했다. 휴가를 떠나기 전까지 그는 주요 경영 사안에서 눈을 돌려 코칭, 동기부여와 피드백 제공에 아주 많은 시간을 바쳤다. 몇 차례는 어려운 결정을 내려야만 했다. 하지만 그는 그러한 결정을 직접 내리지 않고 팀원들에게 위임했다. '어쨌든,' 그가 생각했다. '내 팀원들이 권한을 위임받은 것이 아닌가.' 그러나 불행히도 그는 몇 가지 중요한 전략적 사안의 해결 과정까지도 위임해버리는 실수를 했다.

코칭 시 주의사항

기술 향상을 도울 때 위대한 코치는 심리학의 원리들을 인식하고 있기는 하지만 흔히 관찰된 행동과 행위를 보다 솔직하게 다룬다.

비유를 해보면 우리는 TV 내부의 회로를 자세히 알지 못해도 채널을 돌리는 방법을 알고 있다. 따라서 다음 페이지에 실려 있는 코칭의 전반적인 지침을 명심해야 한다.

더욱이 노련한 관리자는 지나치게 위임하려 드는 코치와 달리 언제 단호한 의사결정을 내려야 하는지 알고 있다.

코칭 시 주의사항

1. 너무 심리적이어서는 안 된다.

하라	하지 마라
• 피코치자의 특정 업무를 돕는 데 집중한다.	• 존재할지도 '모르는' 심리적 문제를 탐색한다.
• 업무에 충실하고 솔직해진다.	• '좋은' 사람이 되려 한다.
• 실제 사안을 다루고 있는지 점검한다.	• 요점을 놓친다.
• 코칭의 양과 깊이를 조절한다.	• 과다 코칭을 한다.
• 개인적인 주요 문제를 지닌 사람들을 전문 상담자에 의뢰한다.	• 분에 넘치는 코칭을 한다.

2. 당신의 결정적인 행동을 필요로 하는 전략적 및 영업적 사안을 간과해서는 안 된다.

'자네와 이런 짧은 대화를 가져 기쁘구먼, 에디. 자네를 교활하고
징징대며 화장실에 들어가 훌쩍거리는 사람이라고 생각했었는데,
오해였구먼. 자네 사무실로 돌아가면 의자를 당장 바꾸게.
내 의자 같은 멋진 회전의자로 말이네.'

상사에게 상향 피드백을 제공하면
나름 유익할 수 있다.

제17장 상향 피드백의 제공

알렉스는 상향 피드백의 제공이 쉽고 보람 있다는 점을 알게 된다

알렉스는 몇 달 전 간과했던 전략적 사안을 마침내 해결했다.
그러나 정기 주주총회가 불과 6주 앞으로 다가오자 점점 초조
해졌다.

그는 피터 회장의 연설문 작성을 돕기로 되어 있었으나, 회장과
만나면 항상 많은 시간을 낭비한 것 같았다. 첫째, 회장은 정리
정돈을 모르는 사람이었기에 어딘가에 쑤셔 넣은 관련 서류를
찾는 데 오랜 시간이 걸렸다. 둘째, 회장실 앞을 지나가던 사람
들이 특별한 용무도 없이 들러 자신과의 미팅을 방해하곤 했다.

'제기랄,' 회장을 만나고 있는 동안 매분 연이어 네 번째 노크 소
리가 들리자 알렉스는 속으로 투덜거렸다. '회장님은 시간 관리
와 개인 정리정돈에 관한 피드백과 코칭을 받으셔야 되겠구먼.

예전에 단 한 사람도 회장님에게 그럴 필요가 있다고 말한 적이 없었던 것 같아.'

마침내 그들의 미팅이 끝나자 문으로 향하던 알렉스는 용기를 내어 회장을 향해 돌아섰다. "그런데 말씀입니다만, 우리가 몇 년 전부터 실시하고 있는 전사적 코칭 프로그램이 성과가 매우 좋은 것 같습니다. 사실 저는 제가 받은 상향 피드백이 아주 유용하다는 점을 알았습니다. 소소한 것만이 아니라 제 업무의 개선을 정말로 도와준 제안도 많았습니다. 회장님께서는 어떠셨습니까?"

"그 프로그램이 모든 사람을 대상으로 한다는 점은 알고 있네만, 솔직히 말해 정말 시간이 없어 피드백을 요청하지는 못하고 있네."

알렉스는 회장이 피드백을 받으려는 마음이 내키길 내심 기대하며 잠시 기다렸다. 물론 기다림은 허사였다. 그는 평소보다 다소 더 깊은 숨을 쉬면서도 태연을 가장하며 제의했다. "회장님께서 제 제안을 들어보고 싶으시다면 다음 미팅 끝에 단 몇 분이면 충분합니다." 회장은 그의 제의를 받아들이는 것이 분명했다. 그래서 알렉스는 다음 주의 미팅에 대비해 자신의 생각들을 모아 머릿속에 정리했다.

◆ ◆ ◆

다음 미팅이 끝났을 때 알렉스는 각오를 다졌다. "그리고," 그가 입을 열었다. "상향 피드백을 하면 어떨까요?"

"지금 그런 논의를 할 시간이 있는지 모르겠네." 회장이 대답했다.

"하나 회장님은 사실 자신을 위해 시간을 더 만들 수도 있잖습니까." 알렉스는 의연하게 계속 말했다. "저는 그에 대해 여러 가지로 생각을 해보았습니다." 회장은 고개를 들어 알렉스를 똑바로 바라보았다. 놀라워하면서도 호기심을 느끼는 것이 분명했다.

알렉스는 유용할 수도 있는 몇 가지 아이디어가 있다고 말했으나, 다양한 질문/지시 스타일을 사용할 의도에서 회장에게 어떤 분야가 가장 유용하리라고 생각하느냐고 물어보기로 했다. 회장은 시간 관리란 주제에 관심이 있는 것이 분명했다.

알렉스는 그들이 방금 끝낸 45분 동안의 미팅에 집중하며 효과성을 증진시킬 어떤 실마리가 존재하는지를 알아보자고 제안했다.

약간 논의가 진행된 후 회장은 자신이 비서에게 서류 정리 시스템을 개선하도록 시켰어야 했다고 말했다. 그러면 없어진 서류를 찾느라 오랜 시간을 허비하지 않으리라는 생각에서였다. 또한 그들은 브레인스토밍을 통해 나름대로 유용한 20가지의 아이디어도 끌어냈다.

회장이 그들의 논의가 끝났다고 생각할 즈음 알렉스는 가장 민감한 분야라고 생각되는 주제를 꺼내기로 했다. 그는 회장이 엄격한 '개방 정책'을 유지하길 좋아한다는 점은 알고 있었다. 그러나 알렉스는 조금 전 1시간의 미팅에서 45분 동안 자신에게 좌절감을 안겼던 논의의 빈번한 중단이 아마도 하루 종일 계속될 것이라고 확신했다.

"마지막 생각입니다만, 회장님, 비서에게 용무가 없이 들르는 사람들을 보다 선별하도록 지시하시는 것은 어떻겠습니까? 그러면 회장님께서 한 번에 한 가지 안건에 집중하실 수 있어 많은 시간을 절약하리라 확신합니다. 예를 들어 지난 45분 동안 15차례의 중단이 있었습니다. 회장님께서는 개방 정책을 좋아한다는 점은 알고 있습니다만, 문을 살짝 열어두는 것과 활짝 열어놓는 것에는 차이가 있습니다."

"흠, 알렉스, 나는 늘 누구든지 필요할 때마다 나를 만날 수 있다고 생각하게 하길 좋아하네."

"예," 알렉스가 대답했다. "그 결과 회장님과 미팅을 가졌던(그래서 다른 사람들의 방해를 받았던) 사람이면 누구나 회장님과의 원래 미팅 때 논의를 모두 마칠 수 없습니다. 때문에 미진했던 점을 다음 미팅으로 보충하려 하니 회장님이 현재 만나고 있는 사람을 방해하는 겁니다." 알렉스는 자신이 지나치게 나간다고 느꼈지만, 회장이 어떻게 반응할지 궁금했다.

회장은 진정으로 놀라워했다. 그는 자신의 개방 정책이 가져온 역동성에 대해서는 아무런 생각도 해보지 않았다. 그러나 그는 이제까지 소중히 한 원칙을 포기해야 한다는 생각에 주저하지 않을 수 없었다.

여기까지 온 알렉스도 포기하려 하지 않았다. "일주일 정도 시험해보시면 어떨까요, 회장님? 그렇게 해보신다고 특별히 문제 될 것은 없지 않습니까?"

✦ ✦ ✦

회장은 일주일 동안 그 제안을 시험해보았다. 그 결과 효과가 있었고 그는 과거 어느 때보다도 갑자기 시간이 훨씬 더 많아졌다.

회장이 직접 알렉스를 찾아왔다. "자네의 '상향' 피드백에 감사하러 왔네. 내가 30년 전 회사를 창립했을 때 개방 정책은 효과적이었으나, 이제 우리는 다국적 대기업이니 그렇지 않지. 문은 살짝 열어야지 활짝 열어서는 안 된다는 자네의 지적이 옳았네. 사실 나는 기타 몇몇 업무 습관도 개선했지."

"좋은 친구야, 알렉스." 회장은 복도를 따라 돌아가며 이렇게 중얼거렸다.

상향 피드백을 위한 효과적인 환경 조성

상향 피드백의 제공은 '상사'와 그렇게 하기로 명시적으로 합의하면 하향 피드백 또는 동료에 대한 '수평' 피드백의 제공과 동일하다.

• 대부분의 사람들은 건설적이고, 시의적절하고, 행동에 옮길 수 있고, 자신의 기분을 헤아려 전달된 피드백을 정말 고마워한다.

• 그러나 당신은 가끔 피드백의 전달을 실제보다 더 어렵게 생각할 수도 있다.

• 상호간에 피드백을 주고받는 환경과 관계를 만드는 일은 실제로 피드백이 제공되기 전에 어떤 업무 또는 업무 관계가 시작될 때 가장 잘 이루어진다.

상향 피드백을 하는 요령

피드백을 제안하는 유용한 방법

- "피드백을 받고 싶으십니까? 만약 그러시다면, 특히 무엇에 대해서 그리고 어떤 형태로 받으실 건가요?"

- "저에게 당신 혹은 당신의 팀에 유용할지도 모를 의견이 있다면, 제가 그걸 어떻게 전달해주길 바라시나요?"

- "우리가 함께 하는 업무에서 제 피드백이 특히 유용한 부분이 있다면, 어느 것일까요?"

- "당신은 너무 바쁘고, 피곤하고, 선입견이 있고, 몰두하기에 피드백을 전달하려 하니 긴장됩니다. 이러한 상황에서 어떻게 당신에게 접근하는 것이 최선일까요?"

피드백을 전달하는 효과적인 방법

- 처음 몇 번은 긍정하거나 강화하는 긍정적인 메시지만 전달한다. 이렇게 하면 적절한 습관과 규칙을 익힐 수 있을 것이다.

- 그런 다음 상사의 변화를 요구할 수도 있는 피드백으로 넘어간다. 피드백의 논리와 잠재적인 영향을 명확히 한다. 예) "팀이 허둥대고 있습니다... 팀원들이 보다 지시를 원합니다... 어쩌면 매주 의사소통을 위한 회합을 주도하실 수도 있겠죠..."

연습

당신의 다음 업무를 시작할 때 당신이 어떻게 상향 피드백을 처리할 것인지 '상사'와 합의한다.

① 과정 목표: 혼돈
② 성과 목표: 난장판
③ 결과 목표: 우-하-하! 그 다음은 알겠지.

목표를 설정하는 말은 설득력이 있어야 한다.

제18장 목표 설정의 개선

알렉스는 우연히 목표를 설정하는 고급 스킬을 접한다

어느 날 저녁 늦게 알렉스는 회장을 위해 작성하고 있는 연설문에 삽입할까 해서 재빠른 손놀림으로 구글을 검색하며 창의적인 아이디어를 찾고 있었다. 그러나 그는 집중하기가 힘들었다. 막 무릎관절 치환술을 받은 불쌍한 삼촌 생각이 계속 났기 때문이다. 알렉스는 재활 과정이 고통스럽고도 지루할 수 있다는 점을 잘 알고 있었다.

그는 인터넷에 도움이 될 만한 조언이 있을지 알아보기로 했으며, 늘 그랬듯이 의외의 내용이 담긴 페이지를 열게 됐다. 그 사이트에는 무릎관절 수술 후 재활과 회복이 언급되어 있었으나, 찰스 두히그(Charles Duhigg) 저 『습관의 힘(The Power of Habit)』이란 책에서 인용한 한 심리 실험을 참조하라는 식이었다. 알렉스는 그 자료에 심취했으며, 그건 그가 업무에서 목표 설정과 관련해 다루고 있는 사안과도 연관이 있었기에 그는 5

분만 읽어보기로 한 시간을 훌쩍 넘겨버렸다.

그 심리학 논문은 글로 적어둔 목표가 적어두지 않은 목표보다 훨씬 더 강력하다는 증거를 제시했다. 아마도 그건 예상할 수 있는 것이었으나, 알렉스가 놀란 것은 그 차이의 정도였다. 걷기 시작하는 데 걸린 시간이 자신의 목표를 적어두었던 환자들은 적어두지 않았던 환자들에 비해 거의 절반 수준이었던 것이다. 도움 없이 휠체어에 앉고 일어서기 시작하는 데 소요된 시간도 전자는 후자에 비해 거의 1/3 수준이었다. 그들은 신발을 신고 스스로 요리를 하는 것도 자신의 목표를 적어두지 않았던 환자들보다 한층 더 빨랐다.

알렉스는 팀의 연례 근무평가를 준비하고 검토하는 과정을 새롭게 하려던 차였으므로 관심을 가지고 정독했다. 자신의 목표를 적어두는 사람들은 거의 항상 어떤 목표를 실제로 설정해야 하는지를 결정하기 위해 기본적으로 계획을 세우는 것 같다. 그들은 어떻게 전반적인 목표를 관리 가능한 세부 목표로 분류할 수 있을지를 이미 마음속에 그리기 시작하는 것이 분명하다. 그러고 보니 알렉스는 '계획한 일은 어그러지기 일쑤지만 계획을 세우지 않으면 일이 되지 않는다'고 한 처칠의 격언이 떠올랐다. 목표 설정과 계획 수립의 진정한 가치는 성취의 과정에 생기를 불어넣는 것이다. 그러나 그 계획을 기록하지 않는다면 그 과정이 그리 잘 돌아가지 않는다.

또한 알렉스는 찰스 스나이더(Charles Snyder) 저 『희망(Hope)』이란 책에서 읽었던 내용도 떠올렸다. 희망 연구 분야에서 세계적인 전문가인 스나이더는 (1) 희망에 차 있으면 질환에서 보다 신속한 회복 등 더 높은 성과를 내고 (2) 희망은 분명하고 소중한 목표를 가지는 것, '경로력(waypower: 그 목표의 달성에 이르는 많은 서로 다른 경로를 보는 능력)'을 가지는 것, '의지력(willpower: 그들 경로를 추구하는 힘 또는 에너지)'을 가지는 것 등 3가지 요소로 구축된다고 믿었다. 목표를 적어 둠으로써 우리는 어떻게 그 목표를 달성할지를 예상하기 시작하고 우리의 경로력을 키우기 시작한다. 우리의 뇌는 목표를 적어두지 않고서는 그 모든 것을 할 정도로 작업 기억이 충분하지 않다.

인터넷 검색에 시간이 지체되었으나, 알렉스는 목표 설정에 관한 풍부한 정보를 접하고는 몇몇 링크를 더 클릭했다.

스포츠 코치들의 몇몇 웹사이트에서는 운동선수들이 개인 및 팀을 위한 목표를 설정하는 방법에 대해 깊이 생각하고 있다는 점을 분명히 했다. 그들이 다음과 같이 3가지 유형의 목표를 구분한 것이 주목된다: 과정 목표('더 강한 서브를 넣는다'), 성과 목표('서브 득점을 더 올린다') 그리고 결과 목표('윔블던에서 우승한다'). 알렉스는 현대 기업의 세계에서 주주들은 과정 또는 투입 척도보다 결과 또는 산출 척도에 훨씬 더 관심을 가진다고 생각했다. 그러나 많은 정상급 운동선수와 그들의 코치는 과정 목표가 한층 더 소중하다고 믿는다. 왜냐하면 과정 목표는 한 해에 한 번 윔블던이 열릴 때만이 아니라 매일 달성하는 연습을 하고 그에 관한 피드백을 받을 수 있기 때문이다. 사람들은 목표가 과정 목표일 경우에 과중한 목표를 설정할 가능성이 훨씬 더 높은데, 그러한 목표의 달성에 실패하더라도 그 실패가 과중한 결과 목표의 달성에 실패하는 것만큼 널리 공개되지 않을 것이기 때문이다.

✦ ✦ ✦

회장의 연설문 작업으로 돌아가기 전에 알렉스는 다음 페이지에 소개되어 있는 바와 같이 목표 설정에 관해 몇 가지 메모를 했고 그것들을 코치, 팀 리더이자 부장으로서의 자기 역할에 어떻게 적용할지 계획을 세웠다.

목표 설정의 개선

GROW 모델(제6장)의 첫째 단계는 코치가 피코치자의 목표, 즉 피코치자가 코칭을 받고자 하는 목표의 세부 목표를 탐구하고 명확히 하는 기회를 제공한다.

그러나 때로는 효과적인 목표를 설정하는 방법에 관해 폭넓은 관점이 요구된다. 예를 들어 코치가 아울러 관리자 또는 팀 리더인 경우나 멘토링 관계가 멘티의 목표를 보다 전체적으로 평가하면 효과를 볼 경우가 그렇다.

- 목표를 설정하는 데 흔히 인용되고 기억할 만한 프레임워크가 SMART이다. 즉 구체적이고(Specific), 측정 가능하고(Measurable), 행동 지향적이고(Action-oriented), 현실적이고(Realistic), 시의적절한(Timely) 목표의 설정을 지향하는 것이다.

- 보다 최근의 연구는 다음 페이지에 나와 있듯이 보다 기본적인 몇 가지 고려사항이 코치와 피코치자(그리고 관리자/팀원)에게 중요하다고 시사한다.

- 전문적인 코치는 목표 설정이 희망, 신뢰 및 동기부여와 같은 관련 주제와 어떠한 연관이 있는지도 인식하고 있다.

목표 설정의 개선을 위한 체크리스트

- 앞서 이 장에서 설명하였듯이 과정 목표, 성과 목표와 결과 목표를 올바른 균형을 맞춰 사용하고 있는가?

- 목표가 도전 의식을 불러일으키기에 충분한가? 목표를 추구하는 사람이 자기 효능감(self-efficacy)이 있고 관련 기술에 접근할 수 있다면, 보다 도전적인 목표가 더 높은 성과를 가져올 것이다.

- 목표를 추구하는 사람이 목표에 헌신하는가? 사회심리학에서의 실험은 사람들이 요구되는 방향으로 자발적이고, 가시적이고, 돌이킬 수 없고, 구체적인 조치를 취한 경우에 헌신하게 된다고 시사한다. 예를 들어 목표를 추구하는 사람이 자신이 지향하는 정확한 목표를 자의로 공개 선언한 경우이다.

- 목표를 적어두었는가? 적어둔 목표는 기록하지 않은 목표보다 약 2배나 더 효과적일 수 있다.

- 목표가 SMART 한가?

- 당신은 목표 대비 성과에 관해 조기에 지속적인 피드백을 제공하였는가?

- 리더로서 당신은 '고성과 주기(High Performance Cycle)'를 최대의 효과를 내도록 이용하고 있는가? 이는 팀원들의 만족, 헌신 및 능력의 지속적인 증가를 반영하기 위해 목표를 역동적으로 설정하는 과정이다.

연습

상기 목록에 비추어 당신 자신의 목표(혹은 당신이 코칭을 해주거나 당신에게 보고하는 사람의 목표)를 점검한다.

내가 알을 낳는 것은 그게 내 직업이니까...
내가 알을 낳는 것은 주인이 옥수수로 지불해주니까...
내가 알을 낳는 것은 180도의 오븐에 들어가고 싶지 않으니까...

누군가에게 멘토가 되고
멘토링을 받아라.

제19장 멘토링

정기 주주총회가 끝나자 알렉스는 회사 내에서 여러 가지 역할 외에 사원 모집에 다시 관여했다. 그와 몇 명의 동료들은 한 지원자에 관한 토의를 마치고 투표할 시간이 되었다. 도널드란 지원자를 채용하는 데 동의하는 사람은 손을 들어 표시하기로 했고, 알렉스와 다른 모든 사람의 손이 올라갔다.

알렉스는 도널드가 회사에 큰 힘이 되어 주리라고 생각했다. 그는 도널드에게는 몇몇 모난 구석이 있기는 하지만 아주 쉽게 다듬어질 수 있으리라고 믿었다. 5년 전의 알렉스와 마찬가지로 도널드의 첫 직위는 전략기획 과장이 될 것이다.

✦ ✦ ✦

한 달 후 새로운 전사적 멘토링 프로그램에 따라 알렉스는 도널드의 공식 멘토가 되었다. 이 '멘티'에게 간단한 점심식사로 환영을 해주는 외에 멘토가 해야 할 일을 제대로 아는 사람은 아무도 없었으므로, 알렉스는 해답을 찾기 위해 기본으로 돌아가기로 결심했다. 간단히 구글을 검색해보았더니 다음과 같은 내용이 떠올랐다.

멘토(mentor): 안내자, 현명한 친구이자 상담자. 호메로스의 『오디세이』에서 멘토는 오디세우스가 자신의 가정과 아들 텔레마커스를 맡겼던 옛 친구였다. 여신 미네르바는 이타카를 떠나 트로이로 향했던 오디세우스를 찾는 텔레마커스를 돕기 위해 멘토의 모습으로 가장했다.

'도대체 한 사람이 어떻게 안내자, 현인과 성실한 상담자가 된다는 거야?' 그는 이렇게 생각했다. '고전 속의 신과 같은 존재가 되라는 거나 다름이 없잖아.'

그 후 몇 개월에 걸쳐 알렉스는 멘토가 되는 것은 코치가 되는 것과 많은 면에서 비슷하다는 점을 알게 됐다. 먼저 멘토는 '멘티'의 기와 열망을 살리도록 돕는 때가 있었다. 그러기 위해서

가끔 알렉스는 직장 생활 초기에 습득했던 동기부여 스킬을 이용했다. 또한 가끔 알렉스는 단순히 도널드가 당면한 문제에서 한 발 물러나 자신의 일과 삶을 보다 넓은 맥락에서 바라보도록 도와주는 대화를 가졌다.

그리고 알렉스가 그저 얘기를 들어주면 되는 때도 있었다. 그는 도널드가 꼭 특정 문제와 관련해 자기를 도와주는 것을 원치 않고 어떤 걱정을 '공식적으로' 기록하는 것도 원치 않는다는 점을 알았다. 도널드는 그저 가슴속에서 무엇인가를 털어놓고 싶어 했고 누군가 윗사람이 관심을 가지고 들어주려 한다는 점을 알고 싶어 했을 뿐이었다.

때로 알렉스는 보다 개입해 도널드가 자신의 대안들을 생각해 보도록 도와줄 필요가 있었다. 이러한 논의들은 대개 코치가 제공하는 업무 관련 문제가 아니라 좀 더 폭넓은 경력 문제에 초점이 맞추어졌다.

또한 가끔 알렉스는 도널드가 다른 자료에서는 쉽게 얻지 못했을 수도 있는 정보를 제공했다. 예를 들어 그는 동아시아에서 회사의 새 전략, 도널드가 경력을 향상시키기 위해 자신의 만다린 지식을 활용하는 방법 등을 설명해주기도 했다.

마지막으로, 알렉스는 도널드에게 '품위에 손상이 가지 않는' 몇 가지 스타일 변화에 관해 조언해줄 수 있는 유일한 인물인 때도 있었다. 도널드가 녹색 정장에 핑크색 셔츠를 입고 갈색 구두를 신기 시작했을 때가 그런 경우였다. 그건 회사 방침에 위배되지는 않았으나, 그렇다고 그의 신뢰도를 증진시켜 주지도 못했다. 그 점에 대해 피드백을 주려고 하는 사람은 아무도 없었다.

또한 알렉스는 언뜻 멘토의 직무해설서에 속해 있는 일부 역할의 수행을 회피하는 법도 배웠다. 예를 들어 그는 많은 조언을 제공하며 간섭하지 않도록 세심한 주의를 기울였다. 그는 복잡한 상황의 구체적인 사실들로부터 동떨어져 정확한 답이 무엇인지 알 수 없을 때도 있었다. 이때가 바로 그가 도널드에게 답을 스스로 찾도록 도와주는 데 초점을 두는 때였다. 마치 효과적인 부모가 아기를 '조언 같은 명령'을 따르는 사람이 아니라 문제를 해결하는 사람이 되도록 도와주듯이 말이다.

아울러 알렉스는 '구조자'의 역할을 피하려고도 노력했다. 그는 도널드의 어떤 문제를 맡아 해결해준다면 그건 장기적으로 도널드에게 도움이 되지 않으리라는 점을 알고 있었다. 예를 들어 도널드는 알렉스의 친한 친구이기도 한 그의 상사와 문제가 있었다. 이때 알렉스가 친구를 만나 조용히 얘기하는 것이 편했을 수도 있으나, 그는 그러한 유혹을 뿌리쳤다. 그는 도널드가 스스로 답을 찾아내 시행하면 더 많이 배우게 되리라는 점을 알고 있었다. 또한 그러면 도널드는 자신감이 더 생겨 다음에 그와 비슷한 문제에 직면할 때 알렉스에게 의존하지 않고 해결할 것이다.

✦ ✦ ✦

시간이 흐른 후 알렉스는 도널드에게 멘토링을 해주었던 때를 돌이켜보았다. 그는 그 일에 많은 시간을 할애하지 못했지만, 물론 그런 시간도 다른 일을 하는 데 사용했을 수도 있다. 하지만 멘토가 되는 데에는 무형의 효과가 있다고 결론지었다. 사라가 몇 년 전 사보에 게재한 글에서 설명했던 내용이 바로 그런 효과에 관한 것이었다.

알렉스가 관심을 다른 문제로 돌리려 할 때 도널드가 들어왔다. "알렉스, 당신의 많은 조언에 대해 진정한 감사를 표시한 적이 없습니다. 당신은 저에게 큰 영향을 끼쳤다는 점을 알아주시기 바랍니다. 당신은 심지어 간접적으로 제 여자 친구와의 관계까지 도왔습니다. 아시는지 모르겠지만, 그녀는 회장님의 딸이고 우리는 곧 결혼할 예정입니다. 장인이 될 분에게는 이미 당신이 대단한 분이라는 말씀도 드렸습니다."

'오,' 알렉스는 생각했다. '세상에 공짜 점심은 없는 것 같구먼.'

✦ ✦ ✦

몇 주 후 알렉스는 휴가를 떠날 준비를 하면서 책상을 정리했다. 그는 휴가 중 좋은 아이디어가 떠오를 경우에 대비해 핸드폰의 화면을 밀고 녹음기의 오른쪽 버튼을 클릭해 업데이트도 했다. 이제 그는 휴가 중 열릴 이사회를 위한 모든 준비를 마쳤다.

그리고 귀가 도중 그는 그리스 행 비행기 표를 찾아왔다.

멘토링

멘토링과 코칭은 매우 비슷한 활동이다. 유일한 차이는 코치가 **특정 업무**를 완수하는 피코치자의 능력을 향상시키는 데 집중하는 반면 멘토는 더 넓은 시각을 가진다는 것이다. 멘토는 흔히 멘티와 보다 **장기적인 관계**를 가지거나 어느 특정 시점에서든 보다 **광범위한 사안들**을 대상으로 하는 상담자이다.

멘토의 역할은 매우 다양하다. 조직에 최근 고용된 사람들을 돕는 시스템이 있다면 '공식적' 멘토로서 역할을 한다. 또는 누군가에게 그의 경력에서 주요 부분에 대해 상담해주는 장기적이면서 우정에 입각한 멘토가 있다. 이들 양극단 사이에 기타 다양한 유형의 관계가 놓인다.

그러나 모든 멘토링에서는 다음 페이지에서 설명하는 7가지 유형의 지원을 모두 또는 대부분 사용한다.

멘토링 지원의 일곱 가지 유형

지원 유형	지원 방법
1. 멘티가 긍정적인 정신 태도를 가지도록 돕는다.	124~125페이지 '동기부여'를 참조한다.
2. 멘티가 문제를 안고 있다면 들어준다. 멘티의 감정을 확인해 합리적으로 변화시켜 준다.	판단적인 반응 없이 '잘 들어준다.' 적절하다면 대안들을 탐색한다.
3. 필요하다면 적절한 정보를 제공한다.	55~57페이지 '피드백의 제공'을 참조한다. 또한 멘토는 정보에 대한 특권적(단 승인된) 접근을 제공한다.
4. 대안의 탐색을 격려한다.	65~66페이지 'GROW' 모델을 참조한다.
5. 업무와 권한을 위임한다.	104~106페이지 '기술/의지 매트릭스'를 참조한다.
6. 부정적인 행동에 효과적으로 대처한다.	55~57페이지 '피드백의 제공'을 참조한다.
7. 역할 모델을 제공한다.	필요로 하는 기술이 입증되고 습득될 수 있는 분야에서 함께 일할 기회를 만든다.

※ 고든 셰아(Gordon Shea) 저 『멘토링』에서 인용해 재구성함.

연습

멘토로서 당신의 성과를 검토한다. 그리고 당신의 시각들을 멘티의 경우와 비교해본다.

코치 겸 멘토인 자가 갑자기 나타나기 전까지 젊은 예술가 다빈치는
왠지 자신의 작업이 완성되지 못할 것만 같다고 생각했다.

코칭의 효과는 당신이 상상하는 것보다
훨씬 더 강력할 수 있다.

제20장 코칭에 관한 고찰: 요약

알렉스는 코칭에 관한 자신의 생각을 요약한다

알렉스는 풀장 가장자리의 의자에 편히 앉아 드넓게 펼쳐진 에게 해를 다시 한 번 바라보았는데, 어느덧 직장 생활에 대한 '회상'도 막바지에 이르렀다. '맞아,' 그는 생각했다. '하지만 위대한 코치는 실제로 어떤 행동을 할까? 우리가 온갖 난관을 뚫고 나아갈 때는 언제인가?'

잠시 생각을 정리한 그는 그리스 전통 음료 우조를 한 잔 더 따르고 선크림을 다시 바른 다음 다시금 핸드폰의 녹음기 아이콘을 터치했다.

◆ ◆ ◆

코칭의 정의를 내린 다음 효과적인 코칭을 위한 스킬과 습관을 규명하자. 대부분의 코치들은 이러한 코칭 스킬과 습관을 일상

생활화한다.

코칭은 다른 사람들의 업무 수행과 학습 능력의 증진을 목표로 한다. 코칭에는 피드백 외에, 동기부여, 효과적인 질문, 특정 업무를 수행할 피코치자의 준비 상태에 따라 코치의 관리 스타일을 의식적으로 조정하는 것 등 기타 스킬들도 있다. 코칭은 역동적인 상호작용을 통해 피코치자가 자기 스스로 하도록 도와주는 데 기반을 두며, 지시와 지도란 일방적인 흐름에 의존하지 않는다.

다음의 〈표 1〉은 직장에서 위대한 코치의 활동 목록을 보여준다. 순서대로 살펴보자.

〈표 1〉 코칭 절차

1. 배경 설정
- 기술과 의지를 진단한다.
- 코칭에 대한 접근법을 합의한다.
- 신뢰를 구축한다.
- 동기를 부여한다.

2. 지속적인 코칭 제공

- GROW 세션들을 갖는다. (20~60분)
- 피드백을 제공한다. (실행 가능한 피드백을 자주, 5~10분)
- 칭찬을 해준다. (합당한 상황에서 자주, 1분 이상)
- 실례를 통해 적극적으로 설명한다.

3. 효과적인 종결

- 피코치자에게 회고하도록 격려한다.
- 코치에 대한 피드백을 끌어낸다.
- 다음 단계를 합의한다.

1. 배경 설정

이는 중요한 단계이다. 아무런 예고도 없이 피드백을 제공하려고 뛰어드는 경우가 너무도 흔하다. 그건 피코치자에게 이유 없이 '판단 받는다'는 느낌을 들게 하고 피코치자가 받아들였을 수도 있을 아이디어를 거절하게 한다.

그래서 위대한 코치는 습관적으로 피코치자에게 다가올 상호작용에 대한 배경을 명확히 해준다(〈표 2〉는 몇 가지 예를 제공한다). 그러나 코치는 먼저 준비를 해야 하며, 특히 피코치자의 상사라면 더욱 그렇다.

여기에는 다음과 같은 사항들이 있다.

- 업무를 완수하기 위한 피코치자의 기술과 의지를 진단한다. 106페이지의 기술/의지 매트릭스를 다시 참조한다.

- 코칭에 대한 접근법을 합의한다. 기술/의지 매트릭스는 지시, 지도, 격려 또는 위임(106, 204 및 205페이지) 등 당신이 취하고자 할 코칭 접근법을 제시한다. 그러나 피코치자와 다음과 같은 실행계획에 대해 명확히 해둘 필요가 있다: 피드백은 얼마나 자주 제공할 것인가?; 어떤 유형의 코칭 세션을 가질 것인가?; 피코치자에게 어떤 준비를 기대하는가? 또한 당신은 피코치자가 어떤 방법으로 정보를 받아들이길 선호하는지도 확실히 알아야 한다. 그 방법에는 서면(요점을 글로 전달), 구두(말로 전달), 시각(차트와 그림으로 설명), 행동(실습을 위해 피코치자가 당신과 함께 일하도록 한다) 등이 있다.

- 코칭 관계에서 신뢰를 구축한다. 효과적인 코칭은 오직 피코치자가 코치를 신뢰하는 경우에만 가능하다. 이러한 신뢰는 피코치자와 가져온 이전의 상호작용으로부터 이미 존재할 수도 있다. 그렇지 않다면 신뢰를 '획득해야' 할 수도 있다. 이렇게 하는 강력한 방법은 당신 자신의 강점, 약점과 경험을 공개하는 것이다. 예를 들어 당신의 최근 근무평가 결과를 피코치자와 공유하거나 당신이 과거에 직면했던 관련 상황을 설명할 수 있다.

- 피코치자에게 동기를 부여한다. 당신은 함께 일하는 사람들에게 진정으로 동기를 부여하는 것이 무엇인지 아는가? 다음과 같은 연습을 해본다. 동료들 혹은 팀원들에게 206~207페이지를 복사해주고(적절한 경우에는 수정해서) 당

신과 팀원들이 작성한 결과를 공유해본다. 당신은 아주 다양한 반응에 놀랄 것이다. 효과적인 동기부여는 두 가지를 요한다. 첫째, 당신은 피코치자가 자신의 일에 대해 흥미를 일으키는 진정한 요인이 무엇인지, 그가 아침마다 출근하는 진정한 이유가 무엇인지 알아야 한다. 둘째, 당신은 피코치자가 업무를 얼마나 잘 수행할 수 있는지를 보여주는 매력적인 비전을 그려주어 125페이지에서 설명한 자신감의 사이클을 형성해주어야 한다.

〈표 2〉 배경을 명확히 하는 방법

1. 코칭 받기

- (상사에게) "저는 이 분야에서 기술을 향상시키려고 정말 노력하고 있어요. 다음 프로젝트 때 이에 관해 제게 코칭을 해주실 수 있으면 아주 고맙겠어요. 그렇게 해주시겠지요? 그러한 코칭 지원의 실행계획을 논의하는 데 언제가 편하시겠습니까?"

- (동료에게) "나는 늘 네가 이 분야에 정말 정통하다고 생각했어. 나는 이에 관해 더 잘 알려고 스스로 노력하고 있어. 내가 다음 수개월 동안 이에 관해 너의 조언과 코칭을 구할 수 있을까? 아마 우리는 금요일 오후에, 혹은 점심을 먹으면서, 아니면 간혹 저녁 때 술 한잔 하면서 30분 정도 만날 수 있겠지?"

- (아랫사람에게) "자네가 이 분야에 관해 피드백과 제안을 해주면 정말 고맙겠네. 내가 이미 이에 대해 정통해 있다고 생각되더라도 자네 의견을 환영하네. 내가 부탁하기를 기다리지 말게."

2. 지속적인 코칭의 제공

일단 배경을 이해하고 합의했다면, 당신은 일련의 코칭 상호작용을 위한 준비가 된 셈이다. 이러한 논의를 얼마나 자주 그리고 얼마나 오래 가질 것인지는 이미 합의한 상태이다. 실제로 당신은 4가지 유형의 상호작용을 할 가능성이 있다.

• GROW 모델에 근거해 가령 20~60분의 실질적인 세션들을 갖는다(65페이지를 다시 참조한다). 당신의 코칭 '계약'이 2~3개월에 걸친다면 당신은 시작, 중간과 끝에 이러한 세션을 3차례 가지기로 결정할 수도 있다. 목표, 현실, 대안과 결론에 배분하는 시간을 다양화해 피코치자와의 시간을 가장 효과적으로 사용하도록 한다.

• 당신이 눈여겨본 피코치자의 행동이 있은 직후 시의적절하게 5~10분의 짧은 논의를 통해 피드백을 제공한다.

• 합당하다는 생각이 들면 1분(혹은 그 이상) 칭찬해주는 시간을 가진다. 대부분의 피코치자들은 전형적인 관리자가 긍정적인 피드백을 제공할 때에도 듣지 않는다. 왜일까? 피코치자는 대개 뒤따르는 "하지만..."이라는 불가피한 말을 예기하고 있으며, 그 말은 업무 수행의 개선을 위한 일련의 제안을 예고하

기 때문이다. 가끔 아낌없이 칭찬해주면 피코치자는 당신의 얘기에 더 주의를 기울이고 당신을 더 신뢰하게 될 것이다.

• 피코치자가 자신의 기술을 향상시키기 위해 노력할 때 해당 업무를 완수하는 방법을 실례를 통해 적극적으로 설명한다. 이러한 일은 시범 또는 협조에 의해 성취할 수 있다. 예를 들어 당신이 피코치자가 회의를 보다 효율적으로 진행하도록 돕고자 한다면 당신 자신이 주재하는 회의에 그 사람을 참석시켜 구체적인 사항을 시범으로 보여줄 수 있다. 그런 다음 무엇을 관찰했는지, 다음에는 무엇을 다르게 시도할지를 물어본다(심지어 회의를 진행하는 당신의 능력에 관한 피드백을 부탁할 수도 있다). 아니면 특정 업무를 수행하는 피코치자와 협조할 수도 있다. 예를 들어 코칭의 대상 업무가 더 큰 통찰력을 가지고 시장조사 자료를 분석하는 것이라면 당신은 피코치자가 통찰력이 어떻게 생성되는지 직접 이해할 수 있도록 세부 데이터를 분석하면서 그와 협조할 수 있다. 물론 당신은 비교적 '전문가'라야만 실례를 통해 적극적인 설명을 제공할 수 있다. 당신에게 해당 분야에 필요한 전문 지식이 결여되어 있다면 당신은 피코치자가 행동을 관찰하도록 '역할 모델'을 제시해야 한다. 이러한 상호작용이 이루어지는 동안 질문/지시 레퍼토리(31페이지), GROW(65페이지), 즉효 코칭(96페이지), 피드백의 제공(55페이지), 동기부여(124페이지) 등 당신이 이제 알고 있는 다양한 코칭 스킬을 충분히 활용한다.

3. 코칭 세션의 종결

당신은 코칭 관계가 흐지부지되는 것을 원치 않을 것이다. 코칭 세션을 정확히 어떻게 종결하는가는 피코치자가 계속 당신과 함께 일하는지 또는 당신과 사교적인 상호작용을 유지하는지와 같은 요인들에 달려 있다. 그러나 어떤 종결이든지 최소한 다음 3단계를 거쳐야 한다.

- 회고. 회고는 사람들의 학습 과정에서 중요한 측면이다. 피코치자가 지난 몇 개월에 걸쳐 배운 바를 검토하고 회고하도록 한다.

- 코치에 대한 피드백. 피코치자는 당신의 코칭 접근법에 관해 유용한 피드백을 제공할 수 있다. 이러한 피드백을 반드시 요청하고 스스로 경험을 되새겨 본다.

- 다음 단계. 이번이 '마지막'인지 여부를 결정한다. 혹은 테니스 파트너에게 코칭을 해왔다면 이제 역할을 바꾸어야 할 때인지도 모른다.

✦ ✦ ✦

알렉스는 핸드폰의 녹음기를 끄고 일어나 기지개를 켰다. 그리고 다시 한 번 검붉은 바다를 흘깃 바라본 다음 실내로 들어와 그의 비서에게 전화했다.

"오후 내내 연락드리려고 했어요." 여비서가 말했다. "회장님께서 전해줄 말이 있으시대요. 잠깐만요."

5분 후 그가 전화를 끊었을 때 마침 그의 아내가 풀장에서 나오고 있었다. "사라, 희소식이 있어..."

코칭의 20가지 기본 원칙

각각의 장에서 핵심적인 교훈을 요약하면 다음과 같다.

기본 원칙	장
따르는 사람이 없이는 리더가 될 수 없다.	1
다른 사람들의 기술 향상을 도울 때에는 그저 지시만 하지 말고 질문을 한다.	2
피드백을 받는다는 것은 경청한다는 것을 의미한다.	3
코칭은 코치 자신에게도 유익하다.	4
코칭을 할 때에는 판단하지 말고 안내한다.	5
코칭 세션을 잘 짜서 올바른 방향에서 시작하라.	6
훌륭한 팀은 업무 스타일의 개인차를 극복한다.	7
당신의 코칭 장애를 극복하라. 그렇지 않으면 당신은 절대로 위임하지 못할 것이다.	8
즉효 코칭도 잘만 전달되면 효과적일 수 있다.	9
피코치자의 기술만이 아니라 의지도 진단한다.	10
꺼려하는 피코치자와 진정한 신뢰를 구축하라.	11
다른 사람들이 당신을 이해하지 못하면 당신은 그들에게 동기를 부여할 수 없다.	12
문화 차이에 적응하려면 시간이 필요하다.	13
팀을 잘 구축하는 방법을 알아라.	14
재구성한 질문의 힘을 활용하라.	15
코치는 '직감'만이 아니라 관찰 가능한 사실에 입각한다.	16
상사에게 상향 피드백을 제공하면 나름 유익할 수 있다.	17
목표를 설정하는 말은 설득력이 있어야 한다.	18
누군가에게 멘토가 되고 멘토링을 받아라.	19
코칭의 효과는 당신이 상상하는 것보다 훨씬 더 강력할 수 있다.	20

부록

부록 I

코칭 (자기)평가서

다음 질문에 자신이 직접 대답하고, 가능하다면 동료들에게 당신에 관한 인상을 토대로 복사한 양식의 내용을 작성해달라고 부탁한다.

지난주 나는 다음을 몇 번이나 했나?

1. 무조건적인 칭찬 제공   (   )
2. 건설적인 피드백 제공   (   )
3. 동료의 동기부여 수준 확인   (   )
4. 동료에 대한 격려   (   )
5. 피드백 요청   (   )
6. 의식적인 업무 위임   (   )
7. 진정으로 효과적인 팀 미팅 주최   (   )
8. 상향 피드백 제공   (   )
9. 팀의 사기 확인   (   )
10. 부하 직원에 대한 멘토링   (   )

합계   (   )

합계

1~3   당신이 은둔자가 아니라면 이 책을 신중하게 읽어보고 적용해야 한다.

4~6   당신은 이 책에서 몇몇 조언만 적용해도 직장에서 업무 효과를 현저히 향상시킬 수 있다.

7~8   당신은 거의 코칭의 대가나 다름없다.

9~10 당신은 이 책이 필요하지 않다.

내가 우선적으로 개선해야 할 사항

1.

2.

3.

부록 2

피드백 계획

내가 유용한 피드백을 줄 수 있는 세 사람		
1.	2.	3.

내가 수집해야 할 추가 정보		

내가 피드백을 제공해야 할 때		

부록 3

'GROW' 모델을 이용할 때 유용한 질문 사례

목표(Goal)

- 당신이 논의해보고 싶은 것은 무엇입니까?
- 당신은 무엇을 이루고 싶습니까?
- 당신은 이번 회합에서 무엇을 얻고(이루고) 싶습니까?
- 당신은 이번 회합에서 무엇이 일어나야만 유익한 시간이었다고 느끼면서 돌아가 겠습니까?
- 내가 이번 회합에서 당신의 소원 한 가지를 들어주겠다면 어떤 것을 얘기하겠습 니까?
- 이번 회합을 마치고 돌아갈 때 당신은 무엇이 달라져 있기를 바랍니까?
- 현재 일어나고 있지 않지만 일어나기를 바라는 것은 무엇이며, 혹은 현재 일어나 고 있지만 일어나지 않기를 바라는 것은 무엇입니까?
- 당신은 이번 회합/논의/상호작용에서 어떤 결과를 바랍니까?
- 그건 실현 가능합니까?
- 우리가 주어진 시간 내에 그걸 할 수 있습니까?
- 그건 당신에게 진정한 가치가 있을까요?

현실(Reality)

- 현재 무엇이 일어나고 있습니까?
- 당신은 이것이 정확하다는 것을 어떻게 압니까?
- 이것은 언제 일어납니까?
- 이것은 얼마나 자주 일어납니까? 가능하다면 정확하게 얘기하세요.
- 이것은 어떤 영향을 미칩니까?
- 당신은 그렇다는 점을 어떻게 입증했습니까, 혹은 입증하겠습니까?
- 기타 관련 요인은 무엇입니까?
- 관련된 다른 사람은 누구입니까?

- 그들은 상황을 어떻게 인식하고 있습니까?
- 당신은 지금까지 어떤 노력을 기울였습니까?

대안(Options)

- 당신은 상황을 변화시키기 위해 무엇을 할 수 있습니까?
- 그러한 접근법에는 어떤 대안들이 있습니까?
- 당신이 바라보는 행동 가능성들이 무엇인지 말해보세요. 이 단계에서는 그것들이 실현 가능한지에 대해서는 걱정하지 마세요.
- 비슷한 상황에서 어떤 접근법/행동들이 사용되는 것을 보았습니까, 혹은 당신이 직접 사용했습니까?
- 누가 도움이 될 수 있을까요?
- 내게서 제안을 바랍니까?
- 당신은 어느 대안을 가장 좋아합니까?
- 그러한 대안의 이익과 위험은 무엇입니까?
- 당신은 어느 대안에 관심이 있습니까?
- 그러한 대안 각각에 대한 당신의 관심도와 각 대안의 실현 가능성을 1~10등급으로 평가하세요.
- 실행할 대안 하나를 선택하시겠습니까?

결론(Wrap-up)

- 다음 단계들은 무엇입니까?
- 정확히 언제 그러한 단계들을 밟을 겁니까?
- 장애가 될 수 있는 요인은 무엇입니까?
- 당신의 일지에 그 단계들을 기록할 필요가 있습니까?
- 당신은 어떤 지원이 필요합니까?
- 어떻게 그리고 언제 그러한 지원을 요청할 겁니까?

부록 4

기술/의지 매트릭스 적용에 관한 상세 정보

지시(기술과 의지 모두 낮다)
· **먼저 의지를 형성시킨다.**
  - 명확한 업무지침을 제공한다.
  - 동기부여를 확인한다.
  - 향후 업무 수행을 위한 비전을 제시한다.

· **그런 다음 기술을 향상시킨다.**
  - '빠른 성공'을 거두도록 업무를 편성한다.
  - 코칭과 훈련을 실시한다.

· **그런 다음 의지를 유지시킨다.**
  - 피드백을 자주 제공한다.
  - 칭찬하고 교육한다.

· **그러나 엄격한 통제와 명확한 규칙/마감시한으로 면밀히 감독한다.**

지도(기술은 낮고 의지는 높다)
· **조기에 시간을 투자한다.**
  - 코칭과 훈련을 실시한다.
  - 질문에 대답하고 설명한다.

· **위험 부담 없는 환경을 조성하여 초기 '실수'를 허용하고 / 학습시킨다.**

· **진전이 보이면 통제를 완화한다.**

격려(기술은 높고 의지는 낮다)

· **의지가 낮은 이유를 확인한다. 예) 업무/관리 스타일/개인적 요인**

· **동기부여를 한다. (제12장 참조)**

· **모니터링을 실시하고 피드백을 제공한다.**

위임(기술과 의지가 모두 높다)

· **업무 수행에 재량을 부여한다.**

   - 목표는 설정하되 방법은 일임한다.

   - 칭찬하고 무시하지 않는다.

· **책임을 지도록 피코치자를 격려한다.**

   - 의사결정에 참여시킨다.

   - '자네가 생각하는 바를 얘기해봐'라는 말을 이용한다.

· **적절한 위험을 감수한다.**

   - 보다 확장된 업무를 부여한다.

   - 과다 관리하지 않는다.

부록 5

동기부여 연습 - 당신에게 최대/최소로 동기를 부여하는 요인

팀원들에게 다음 양식을 복사하여 나누어준 뒤 작성하여 그 결과를 공유하게 한다.

요인	요인의 중요성*	현재 만족*
1. 관리자가 개인적으로 당신에게 관심을 보임		
2. 어느 정도 권한을 보유함		
3. 관리자와의 대인 관계가 좋음		
4. 관리자의 결단력		
5. 관리자가 제공하는 사례		
6. 당신 자신의 업무 기획에 관여함		
7. 당신의 노력을 인식함		
8. 당신에게 업무를 위임함		
9. 승진이 이루어짐		
10. 고객/의뢰인 접촉		
11. 급여		
12. 동료들과 사이좋게 지내는 정도		
13. 칭찬		
14. 당신 자신의 목표와 회의 목표를 달성함		
15. 직업에 대한 만족도		
16. 근로 조건		

17. 업무의 개별 영역에 대해 책임을 보유함		
18. 압력을 받으며 일함		
19. 경쟁적인 환경		
20. 경력 개발의 전망		
21. 건설적인 피드백 및 코칭		
22. 고용 보장		
23. 완성된 업무의 결과		
24. 복잡한 분석을 수행함		
25. 조직의 구조와 절차		
26. 당신의 개인적 직위		
27. 감독의 정도		
28. 사회적 기능		
29. 업무를 완수하는 방법에 관한 상세한 지침		
30. 팀에서 일함		
31. 명확한 목표가 부여됨		
32. 고위층 회의에 참석함		
33. 아침 일찍 업무를 시작함		
34. 저녁 늦게 업무를 마침		
35. 기타(기재한다)		

*1 = 낮음, 4 = 높음

부록 6

팀 근무평가 양식

팀원들에게 다음 양식을 복사하여 나누어준 뒤 작성하여 논의하도록 요청한다.

목표	지표
중요한 목적	1. 모든 팀원이 프로젝트의 목적에 대해 공동의 중요한 의식을 가지고 그 가치를 분명히 인식한다.
성과 목표	2. 팀이 합의된 목표를 달성하기 위해 효과적인 방식으로 일하고 있다.
업무 접근법	3. 모든 팀원이 프로젝트의 '실제 업무'에 공헌하고 수행하는 역할이 분명하고 긍정적이다.
	4. 모든 팀원이 서로에게 만족스러운 실시간 피드백을 제공한다.
	5. 팀이 수평적 방식으로 운영된다(즉 팀원들이 자신의 공헌이 충분히 반영되고 평가된다고 느낀다).
보완적 기술	6. 팀이 직·간접적으로 기술들을 적절히 조합하고 있다.
상호 책임성	7. 모든 팀원이 팀 목표의 달성을 개인적인 공헌보다 상위로 인식하고 간주한다.
	8. 팀원들이 상호 지지 및 격려를 제공한다. 각각의 팀원이 팀의 성공에 책임이 있다고 느낀다.
	9. 팀이 팀원들의 목표를 충족시키기 위해 개인들에게 기회와 지원을 제공하고 있다.
전반적 목표	10. 팀이 높은 사기를 유지하고 있다.
	11. 모든 팀원이 프로젝트 내내 강한 동기부여를 받고 있다.

현재 평가 (1 = 낮음, 4 = 높음)	개선을 위한 제안

용어 해설

격려(Excite: 관리 스타일의 하나, 기술/의지 매트릭스 참조)

당면한 특정 업무의 완수에 있어 기술은 높고 의지는 낮은 사람들을 대상으로 관리와 코칭을 할 때 선호되는 접근법.

결론(Wrap-up: GROW의 한 단계)

코칭 세션 후 피코치자가 취할 다음 단계들. 계획은 구체적이고 합의된 기간 내에 성취 가능해야 하며, 제3자로부터 필요한 협조를 반영해야 한다.

기술/의지 매트릭스(Skill/Will matrix)

요구되는 특정 업무를 완수하기 위한 피코치자의 기술과 의지에 근거해 코치 또는 관리자의 적절한 관리 스타일을 확인하는 간단한 방법. 그에 따른 4가지 관리 스타일은 지시(Direct), 격려(Excite), 지도(Guide)와 위임(Delegate)이다.

대안(Options: GROW의 한 단계)

브레인스토밍에서 나온, 피코치자가 특정 분야에서 자신의 업무 수행을 개선시킬 수 있는 여러 가지 방법.

도(道, Tao)

코칭의 측면에서 도(道)는 '끊임없이 순리에 역행해 에너지를 소모하는 것이 아니라 사람 및 사물과 역동적으로 상호작용해 에너지를 얻기 위해 내가 일하고 살아가는 방식'을 의미한다.

음이 '우리와 함께 일하는 사람들의 기술과 능력을 향상시키는 것'이라면, 양은 '보다 유능한 사람이 되도록 우리가 도운 사람들에게 위임함으로써 보다 효과적인 리더가 되는 것'이다.

동기부여(Motivation)

관리와 코칭의 중요한 측면으로, 동기부여 요인들은 사람마다 아주 다양하다.

멘토링(Mentoring)

코칭을 포함하지만 아울러 경력 상담, 정보에 대한 특권적 접근 등 보다 폭넓은 상담과 지원도 포괄하는 역할.

목표(Goal: GROW의 한 단계)

보다 장기적인 피코치자의 개발 목표와 관련한 특정 코칭 세션의 목표.

위임(Delegate: 관리 스타일의 하나, 기술/의지 매트릭스 참조)

당면한 특정 업무의 완수에 있어 기술과 의지가 모두 높은 사람들을 대상으로 관리와 코칭을 할 때 선호되는 접근법.

자기 효능감(Self-efficacy)

문제를 개인적인 능력으로 해결할 수 있다는 자신에 대한 신념 또는 기대감. 자신감과 비슷함.

재구성(Reframing)

사안을 보거나 해결하는 관점을 달리하거나 사안을 고려하는 맥락을 달리하는 과정.

즉효 코칭(Instant payoff coaching)

제한된 시간(예로 10~15분)에 문제를 해결하도록 돕는 기법. 이 기법은 먼저 성공적인 결과는 어떤 모습 또는 느낌일지를 마음속에 그려보게 하는 데 초점을 둔다.

이어지는 논의는 효과적인 행동에 대한 제약이나 장애의 근원을 확인하고, 그것을 해결하는 방법에 집중한다.

지도(Guide: 관리 스타일의 하나, 기술/의지 매트릭스 참조)

당면한 특정 업무의 완수에 있어 기술은 낮고 의지는 높은 사람들을 대상으로 관리와 코칭을 할 때 선호되는 접근법.

지시(Direct: 관리 스타일의 하나, 기술/의지 매트릭스 참조)

당면한 특정 업무의 완수에 있어 기술과 의지가 모두 낮은 사람들을 대상으로 관리와 코칭을 할 때 선호되는 접근법.

코칭 장애(Blocks to coaching)

흔히 잘못 인식한 이유로 특정 상황에서 코칭 하기를 꺼려하는 것. 예를 들어 '통제 중독자'는 종종 자신에게 코칭에 투자할 시간이 결코 충분하지 않다고 주장한다. 이러한 사람은 좀처럼 위임하지 않고 '일중독'의 악순환에 갇힌다. 이와 같은 상황과 기타 곤경에서 빠져나오는 여러 가지 방법이 있다.

코칭(Coaching)

코칭은 다른 사람들의 업무 수행과 학습 능력의 증진을 목표로 한다. 코칭에는 피드백 외에, 동기부여, 효과적인 질문, 특정 업무를 수행할 피코치자의 준비 상태에 따라 코치의 관리 스타일을 의식적으로 조정하는 것 등 기타 스킬들도 있다. 코칭은 역동적인 상호작용을 통해 피코치자가 자기 스스로 하도록 도와주는 데 기반을 두며, 지시와 지도란 일방적인 흐름에 의존하지 않는다.

피드백(Feedback)

피코치자에게 (1) 최근의 행동, (2) 이러한 행동의 영향, 그리고 (3) 보다 넓은 의미에서 대안으로서의 바람직한 결과를 부각시키는 과정. 이러한 3단계, 즉 행동(Action), 영향(Impact), 대안으로서의 바람직한 결과(Desired alternative outcome)를 AID란 약어로 기억하면 좋다.

현실(Reality: GROW의 한 단계)

피코치자가 최근의 상황에서 효과적으로 또는 비효과적으로 수행한 일에 대한 코치나 피코치자 자신의 설명.

GROW

목표(Goal), 현실(Reality), 대안(Options), 결론(Wrap-up)의 약어. 코치와 피코치자가 코칭 세션을 효과적으로 진전시키도록 돕는 4단계 구조.

- 코치는 보통 각각의 단계에서 '질문'과 '지시'를 모두 사용한다.
- 분명 코치는 필요할 경우에 4단계 사이를 융통성 있게 반복해야 한다.

Coaching

Blanchard, K & S Johnson, *The One Minute Manager*, HarperCollins, London, 2001. • Quick and easy introduction to the basics of coaching and feedback

Bone, D, *Practical Guide to Effective Listening*, Kogan Page, London, 1991. • A short, comprehensive guide to skills in listening

Buckley, R & J Caple, *One to-One Training & Coaching Skills*, Kogan Page, London, 1991. • A concise guide to coaching in the business environment

Clutterbuck, D, *Everyone Needs a Mentor*, Chartered Institute of Personnel and Development, London, 5th edition, 2014. • Helpful guide to thinking through the implications of coaching (mentoring) within your own organisation

Evered, R & J Selman, Coaching & the Art of Management, *Organisational Dynamics* 18 2: 16-32, 1989. • Short background article on the role of the coach

Gallway, T, *The Inner Game of Golf*, Jonathan Cape, London, 2009

Gallway, T, *The Inner Game of Tennis*, Jonathan Cape, London, 1997

Gallway, T & B Kriegel, *Inner Skiing*, Jonathan Cape, London, 1997. • Introductions to 'coachee- centred' philosophy, principles and questioning techniques using sport

Megginson, D & T Baydell, *A Manager's Guide to Coaching*, British Association for Commercial & Industrial Education, London, 1979. • A short book about coaching

Mink, O, K Q Owen & B P Mink, *Developing High Performance People: The Art of Coaching*, Addison Wesley Publishing Company, Reading, Massachusetts, 1993. • Detailed and painstaking description of coaching and its various applications and techniques

Parsloe, E, *Coaching, Mentoring and Assessing: A Practical Guide to Developing Competence*, Kogan Page, London, 2nd edition, 2009. • A useful reference for those involved in coaching

Passmore, J, *Psychometrics in coaching: Using psychological and psychometric tools for development*. London: Kogan Page, 2008. • Covers psychometrics with breadth and depth

Peltier, B, *The psychology of executive coaching: theory and application*. New York, Routledge, 2010. • Successfully relates coaching to many of the main models of psychology

Rock, D, & L J Page, *Coaching with the brain in mind: Foundations for practice*. Hoboken, N.J: Wiley, 2009. • Shows how coaching and neuroscience are related

Scoular, A, *The Financial Times guide to business coaching*. Harlow: Financial Times/Prentice Hall, 2011. • A brilliant guide to coaching in the business environment

Shea, G F, *Mentoring*, Kogan Page, London, 1992. • Guide to using mentoring as a tool for empowerment

Watkins, M, *The first 90 days: Critical success strategies for new leaders at all levels*. Boston, Mass: Harvard Business School Press, 2003. • Still the classic text to support role-change

Weinberg, R S & D Gould, *Foundations of Sport and Exercise Psychology* (5th ed.). Champaign, IL: Human Kinetics, 2011. • A detailed resource for coaches interested in learning from sports coaching

Whitmore, J, *Coaching for Performance: A Practical Guide to Growing Your Own Skills*, Nicholas Brealey, London, 4th edition, 2009. • Excellent 'self help' guide for the development of coaching skills

Mentoring

Clutterbuck, D, *Everyone Needs a Mentor*, Chartered Institute of Personnel and Development, London, 5th edition, 2014. • Helpful guide to thinking through the implications of coaching (mentoring) within your own organisation

Connor, M, & J Pokora, *Coaching and mentoring at work: principles for effective practice*, Maidenhead, Open University Press, 2007. • A comprehensive treatment from two dedicated trainers of mentors

Parsloe, E, & M Leedham, M, *Coaching and mentoring: practical conversations to improve learning*. London [u.a.], Kogan Page, 2009. • A useful reference for those involved in coaching

Shea, G K, *Mentoring*, Kogan Page, London, 1992. • Guide to using mentoring as a tool for empowerment

Psychology and counselling

Board, R de, *Counselling Skills*, Wildwood House, London, 1987. • Down to earth guide on counselling, for the manager

Garfield, C, *Peak Performance*, Warner Books, New York, 1989. • Helpful background from sports psychologists about the impact of mental state on performance

Gibb, J R, *Trust: A New View of Personal & Organisational Development*, Guild of Tutors Press, Los Angeles, 1978. • One of the earliest advocates of Group Development in organisations

Harris, T, *I'm OK, You're OK*, Arrow Books 2012. • Outstanding primer on Transactional Analysis, but not as simple as it first appears

Keirsey, D & M Bates, *Please Understand Me: Character & Temperament Types*, Prometheus Nemesis Book Company, Del Mar, California, 1984. • Introduction to the Myers-Briggs Framework

Whitmore, D, *Psychosynthesis Counselling in Action*, Sage Publications Limited, London, 4th edition, 2013. • Techniques and examples of Dr Robert Assagioli's psychosynthesis

Seligman, M E P, *Flourish: A visionary new understanding of happiness and well-being*, New York: Free Press, 2011. • Seligman's latest account of positive psychology

Learning

Argyris, C, *Overcoming Organisational Defences: Facilitating Organisational Learning*. Allyn & Bacon, Sydney, 1990. • Thorough analysis of how social norms and learned behaviour can have counterproductive impact on learning and communication

Brookfield, S, *Understanding and Facilitating Adult Learning,* Open University Press, 2001. • Introduction to the special challenges in helping adults learn new things

Other books on personal development

Bandler, R & J Grindler, *Frogs into Princes,* Eden Grove Editions, 1990. • Good introduction to the principles of Neuro Linguistic Programming, as applied in daily life

Bennis, W, *On Becoming a Leader,* Basic Books, 2009. • An insightful book by a pioneering leader and behavioural scientist

Covey, S R, *The Seven Habits of Highly Effective People,* Simon & Schuster, London, 25th anniversary edition, 2013. • A highly effective bestseller on how to be more effective

Duhigg, C, *The power of habit: Why we do what we do and how to change,* London: William Heinemann, 2012. • Highly relevant since coaching often involves the coachee changing a habit

Hersey, P & K Blanchard, *Situational Leadership: A Summary,* University Associates, San Diego, California, 1982. • One view of management development which has had significant impact

Hofstede, G, *Cultures and Organisations,* HarperCollins, London, 3rd edition, 2010. • Implications of cultures on how we manage and interact

Katzenbach J & D Smith, *The Wisdom of Teams,* McGraw Hill, 2005. • Advice on the art of building teams and teamwork for high performance

Kolb, D A, *Experiential Learning: Experience as the Source of Learning and Development*. Englewood Clifs: NJ, Prentice-Hall, 1984. • Learn about learning, from the master of learning

Locke, E A & G P Latham, Building a practically useful theory of goal setting and task motivation, A 35-year odyssey. *The American Psychologist*, 57, 9, 705-17, 2002

Schon, D, *Educating the Reflective Practitioner*, Jossey Bass Publishers, San Francisco, 1987. • How reflecting on experience can help professionals to learn

Snyder, C R, *The psychology of hope: You can get there from here*. New York: Free Press, 1994. • Valuable analysis including the distinction between willpower and waypower

Sullivan, W & J Rees, J, *Clean language: Revealing metaphors and opening minds*. Carmarthen, Wales: Crown House, 2008. • An extreme and valuable version of non-directive coaching

감사의 글

이 책은 1990년 영국 맥킨지사에서 시작된 전사적 코칭 프로그램을 계기로 탄생했다. 그 프로그램을 위해 작성되어 이 책의 모태가 된 내부 지침서는 회사의 많은 내 동료, 특히 샌드라 채러램보스, 험프리 코볼드, 케이트 그루싱, 앤드류 글로버, 쥬디스 헤이즐우드, 줄리안 시워드, 프레이저 스미스, 캐스린 토마스와 짐 웬들러 등에게서 큰 도움을 받았다. 이들에게 감사드린다.

회사의 영국 상무이사인 노먼 샌슨에게 특별한 감사를 드린다. 그는 회사의 첫 코칭 프로그램을 출범시킨 비전을 품었을 뿐만 아니라 개인적인 사례가 되어 이 책에 기여했다. 또한 나를 지원해준 전 세계의 기타 파트너들에게도 힘입은 바 크다.

코칭 회사인 알렉산더가 상기 맥킨지 프로그램의 출범을 도왔을 때 그 회사의 이사였던 벤 캐논은 이 책의 탄생을 도왔고 몇몇 장의 구상에 기여했다.

WH 스미스의 상무이사인 피터 반포드는 친절하게 원고를 읽어 주었고 자신의 폭넓은 사업 경험을 토대로 개선점을 제안했다.

아울러 이 책의 완성을 맡아준 맥킨지사 팀에게 감사하고 싶다. 파타 보스(유럽 홍보이사)는 예리한 논평과 개인적으로 강한 격려를 해주었다. 로버트 휘트닝(출판 편집자)과 데보라 토마스(편집자)는 이야기에 연속성을 부여하고 시대착오적인 내용과 애매한 표현을 제거했다. 캐롤 가드너, 앨리슨 밀스와 스테프 솔은 책의 구성 방식을 창의적으로 향상시켰다.

마지막으로, 히긴스(그의 만화는 20번째 다시 읽어도 여전히 웃음을 자아낸다), 마틴 류와 루신다 맥닐(나의 첫 두 편집자)에게 감사하고, 최고의 전문가 기질로 이 책을 예기치 못한 방향으로 전개시키고 위대한 코치가 하는 식으로 저자에게 피드백을 제공한 프로파일 북스의 앤드류 프랭클린, 페니 다니엘과 클레어 그리스트 테일러에게도 감사를 표한다.

색인